CIRQUE DU SOLEIL™

A Reinvenção do Espetáculo

CIRQUE DU SOLEIL™

A Reinvenção do Espetáculo

12ª TIRAGEM

Tradução
Cristiana de Assis Serra

ELSEVIER

CAMPUS

Do original: *The Spark*
Tradução autorizada do idioma inglês da edição publicada por Currency Book / Doubleday

Copidesque: Suzana Riet
Editoração Eletrônica: Estúdio Castellani
Revisão Gráfica: Jussara Bivar

Projeto Gráfico
Elsevier Editora Ltda.
Conhecimento sem Fronteiras
Rua Sete de Setembro, 111 – 16° andar
20050-006 – Centro – Rio de Janeiro – RJ – Brasil

Rua Quintana, 753 – 8° andar
04569-011 – Brooklin – São Paulo – SP – Brasil

Serviço de Atendimento ao Cliente
0800-0265340
sac@elsevier.com.br

ISBN 978-85-352-2032-2
Edição original: ISBN 10: 0-385-51651-7

CIP-Brasil. Catalogação-na-fonte.
Sindicato Nacional dos Editores de Livros, RJ

H527c Heward, Lyn
Cirque du Soleil™ : a reinvenção do espetáculo / criado por Lyn Heward e escrito por John U. Bacon ; tradução de Cristiana Serra. – Rio de Janeiro : Elsevier, 2006 – 12ª Reimpressão.
il.

Tradução de: The spark
ISBN 85-352-2032-1

1. Cirque du Soleil. 2. Criatividade. 3. Imaginação. I. Bacon, John U., 1964-. II. Título.

06-0955. CDD 153.35
CDU 159.954

Para Guy e a multidão de artistas, artesãos, técnicos, funcionários e gerentes do *Cirque du Soleil*™, que vivem com criatividade cada dia – e assim se tornaram, para mim, uma fonte de imensurável inspiração.

LYN

Agradecimentos

Neste livro o pessoal do *Cirque du Soleil*™ fala sobre a importância da inspiração, da colaboração e da confiança para qualquer empreitada que envolva criatividade. Posso garantir que todos os envolvidos neste livro praticam aquilo que pregam em cada momento de suas vidas.

Antes de tudo, gostaria de agradecer a Roger Scholl, Diretor Editorial da Currency Doubleday, e a Sarah Rainone, editora dessa mesma casa, que me procuraram com o pedido de que eu ajudasse a escrever este livro. Os dois fundiram os pontos de vista de meia dúzia de pessoas para criar uma história coerente (algo parecido com tentar organizar um saco de gatos), e fizeram-no com firmeza e bom humor.

Minha dívida com meus novos amigos do *Cirque du Soleil*™ é igualmente imensa. Eles não só me acolheram como me convidaram a mergulhar de cabeça na mais calorosa piscina do mundo. Lyn Heward não só criou este livro como foi a coreógrafa da minha grande aventura, servindo-me de anjo da guarda durante todo o meu percurso. Foi sua a idéia ousada de me dar a oportunidade pela qual milhões de fãs do *Cirque du Soleil*™ matariam se fosse preciso – de tornar-me um membro da família do Cirque por alguns mágicos meses. Rodney Landi, Diretor de Merchandising do Cirque, proporcionou-me orientação e ânimo em momentos cruciais, assim como Marie-Josée Lamy, Diretora de Franquias. Genevieve Bastian e Francine Tremblay foram as melhores aliadas que eu poderia desejar, e dedicaram incontáveis horas do seu tempo tomando as providências necessárias para que tudo corresse a contento na minha aventura. Louise Simoneau, há muitos anos secretária de Lyn Heward, já serviu de mãe adotiva para milhares de fiéis do Cirque – inclusive, durante alguns meses, este seu servo. Sua generosidade e consideração não me falharam em momento algum. Não tenho palavras para agradecer às mais de duzentas pessoas que me ajudaram ao longo da minha trajetória, mas faço questão de agradecer a todas pessoalmente quando nos reencontrarmos.

Meus amigos James Tobin e John Lofy provaram vezes sem conta serem grandes confidentes e caixas de ressonância – e, durante este projeto, atingiram o seu ápice. Por fim, eu gostaria de agradecer a David Black, meu superagente, e seu secretário, David Larabell, por fazerem aquilo em que são os melhores do mundo: cuidar dos seus autores.

Espero que você goste de ler esta fábula tanto quanto eu gostei de vivê-la.

JOHN U. BACON
Ann Arbor, Michigan,
novembro de 2005

Prefácio

Por Guy Laliberté,
fundador e CEO

Este livro não é apenas um passeio arrebatador pelas operações e atividades do Cirque du Soleil; constitui, acima de tudo, um encontro íntimo com seus empregados, que vivem cada dia com criatividade. Assim, embora narre a viagem de autodescoberta de um homem, este livro desvela também uma variedade de métodos simples com os quais qualquer um pode tornar-se uma pessoa mais criativa, enxergar maiores possibilidades e conceber a sua própria visão para o futuro.

Com mais de três mil funcionários, artistas, artesãos, técnicos e gerentes trabalhando em tempo integral em todo o mundo, seria impossível dar o devido reconhecimento a cada contribuição criativa individual; daí muitos dos peculiares personagens deste livro serem misturas dos generosos, apaixonados e talentosos homens e mulheres que partilham a experiência do Cirque du Soleil. Não obstante, suas histórias são reais. Suas grandes expectativas e "sonhos magníficos" frutificaram produtos criativos. Eles aprenderam a render-se aos seus sentidos, confiar em seus instintos, correr riscos e enfrentar novos desafios num ambiente artístico estimulante; seu trabalho, ora solitário, ora coletivo, gira em torno da investigação de novas formas de entrar em contato com o público e tocá-lo, tendo sempre em vista a sua própria reinvenção. Sua ambição é levar de volta ao mundo o que este lhes trouxe, na roda incessante do dar, receber e renovar – e, nesse sentido, funcionam como catalisadores.

De uma ínfima faísca acendeu-se uma grande fogueira, cujo calor aqueceu o mundo inteiro...

Sumário

Capítulo um

Atrás das Portas Brancas

Quando não temos a menor idéia do que estamos procurando . . .

Quando me perguntam qual foi o ponto de partida da minha extraordinária jornada, digo que foi em algum lugar entre a primeira e a sétima portas. Pelo menos foi onde eu fui parar ao deixar para trás a cacofonia do cassino, com suas luzes pisca-piscantes, seus dados irrequietos e a agitação que pulsa por todos os lados. Por maior que fosse o meu fascínio diante da terra das oportunidades, meus cinco sentidos estavam precisando descansar um pouco das rodas da fortuna e seu turbilhão ininterrupto.

Eu estava em busca de algo, embora não soubesse do quê. Algo extraordinário. Algo que estivesse além do universo mundano do marketing e do dinheiro que havia me levado a Las Vegas. Algo que transcendesse a faina em que a minha vida havia se transformado. Mas claro que, quando não se tem a menor idéia daquilo que se está procurando, fica difícil encontrar.

Eu estava prestes a ir me refugiar no meu quarto no hotel para ter um momento de tranqüilidade, quando avistei dois sujeitos de uniforme preto indo para um lado mais sossegado do cassino, longe dos caça-níqueis. Feito um sonâmbulo, fui atrás deles. Entraram por uma porta branca – talvez a única do cassino inteiro que não anunciava o que havia do outro lado. Intrigado, empurrei-a; ela se abriu para um corredor imerso no mais absoluto silêncio, imaculadamente branco e tão bem iluminado que parecia fulgurar de energia. Um metro e pouco adiante havia outra porta, igualmente límpida, igualmente convidativa. Abri-a, mas com mais hesitação que a primeira; afinal, sem dúvida eu poderia abrir uma porta por engano, mas transpor também uma segunda pareceu-me um delito mais grave.

Atrás da segunda porta branca havia uma terceira. Quem eram aqueles homens, e aonde iam? O que eu faria quando os encontrasse? Em que tipo de aventura de Alice-na-toca-do-coelho eu estava me metendo? Ao ultrapassar a porta seguinte reparei numa câmera de segurança no teto, no posto de segurança à minha esquerda, e senti os meus ombros se tensionarem. O que queriam proteger ali? Como, porém, não havia vivalma à vista, segui em frente. Ao chegar à sexta porta, eu já havia aceitado o fato de que não fazia a menor idéia de aonde aquele corredor me levaria – mas tinha a clara sensação de que, a cada porta que se fechava às minhas costas, eu me aproximava um pouco mais daquilo que estava procurando.

Ao abrir a sétima porta, vi que tinha chegado ao fim do corredor – e ao princípio da minha jornada. A última porta dava para um amplo teatro. À minha esquerda, fileiras de poltronas de *plush* azul; o teto erguia-se trinta metros acima da minha cabeça, e tive de lutar contra a tentação de gritar para testar o eco da minha voz, como se precisasse me convencer de que aquilo tudo não era mesmo um sonho.

À minha direita, o palco mais estranho que já havia visto na vida. Fiquei olhando uma misteriosa estrutura monolítica, de uns doze metros por vinte e quatro metros, que oscilava de um lado para o outro, para frente e para trás, até que por fim equilibrou-se na vertical, como que desafiando a gravidade. Não conseguia perceber sua finalidade; não seria parte do palco, seria? Só o Homem Aranha para escalar tamanho penhasco!

No outro lado do teatro, distingui os homens que me haviam inadvertidamente conduzido até ali. Estavam às voltas com o maquinismo da parede balançante, precariamente empoleirada nos fundos de um palco e que se abria para o que parecia ser um abismo sem fundo. Embora estivessem a uns bons vinte metros de distância, dava para ouvir suas vozes, tão boa era a acústica do lugar. Detectei uma miscelânea de sotaques entre a meia dúzia de pessoas espalhadas pelo palco – escoceses, russos, texanos, canadenses francófonos.

Estavam todos tão concentrados em seu trabalho que ninguém pareceu se dar conta da minha presença. Eu estava dominado pela curiosidade de uma maneira que não me acontecia desde os tempos de faculdade, quando cada experiência era uma nova aventura e eu não precisava me preocupar com as conseqüências dos meus atos como agora; minha mente estava desperta para as possibilidades apresentadas por todo o ambiente que me cercava. Sentei-me numa das poltronas, no meio do nada, e preparei-me para não perder nenhum detalhe.

O gigantesco teatro lembrava um cavernoso pombal, cercado de imensos passadiços de tábua corrida e grades de cobre, num contraste intrigante com o estilo ultramoderno do MGM Grand Hotel. Tinha algo de atemporal, como se eu estivesse numa construção muito anterior à própria cidade de Las Vegas.

Devo ter ficado ali uns dez ou vinte minutos, só olhando e ouvindo.

Por fim, me descobriram: uma mulher de ar cordial – esguia, de meia-idade, com cabelos ruivos escuros e curtos, vestindo um elegante casaco de camurça – pareceu materializar-se do nada e tomou o corredor na minha direção. Embora eu definitivamente não devesse estar ali, ela aparentava um ar mais de curiosidade com a minha presença que de aborrecimento.

Em circunstâncias normais, eu teria me derramado em desculpas pela invasão e levantado prontamente para sair. No entanto, algo me reteve.

– Olá – cumprimentou-me ela ao chegar a apenas algumas fileiras de distância.

– Olá – respondi, com um ligeiro aceno de cabeça, certo de que seria expulso e não vendo razão em tentar resistir. Em vez de me pedir para sair, entretanto, ela me estendeu a mão:

– Muito prazer, Diane.

– Prazer, Frank.

Ela se acomodou a alguns lugares à minha direita, assistindo à cena que se passava diante de nós. Será que também havia aterrissado naquele universo paralelo, assim como eu?

– É de tirar o fôlego, não é? – indagou, indicando o palco com a mão.

– Eu nunca tinha visto nada parecido na vida.

– Para mim, é um teatro de sonhos por realizar e grandes expectativas.

Eu não sabia bem como responder.

– É tão calmo, apesar do tamanho.

– É – ela anuiu. – Pode ser um lugar muito tranqüilo, muito sossegado, durante o dia. Mas você não acha que existe também uma eletricidade latente no ar? Logo antes do início do espetáculo, quase sempre eu sinto uma energia cinética aqui, como se o teatro inteiro estivesse prestes a estourar.

Mal ela pronunciou essas palavras, uma bola de fogo explodiu sobre o buraco no meio do palco, e a nuvem de fumaça levou alguns segundos para se dissipar.

– Estamos só testando, Diane! – gritou um dos homens de preto.

– O que *é* isso? – perguntei. Só então percebi que ela trabalhava ali – e eu me havia inegavelmente entregado como penetra. Entretanto, meu traquejo social tinha me abandonado, deixando para trás apenas um desejo sincero de saber mais.

Ela riu:

– E como foi que *você* entrou aqui?

Sorri, refazendo mentalmente o meu trajeto até lá. Não, não era mesmo um sonho, agora eu tinha certeza; estava irrefutavelmente, claramente, acordado.

– Eu queria fugir de uma das palestras do meu congresso – expliquei – e resolvi dar uma voltinha pelo cassino. Então, vi aqueles caras ali – e apontei os contra-regras –, que pareciam saber aonde estavam indo muito melhor que eu, e vim atrás deles.

– Bom, admiro o seu senso de aventura. E que trabalho é esse, o seu, que o trouxe a Las Vegas?

– Sou agente esportivo – revelei, num tom quase que de quem pede desculpas.

– Você não parece lá muito entusiasmado.

– No começo, eu adorava. Trabalhar com os atletas (os talentos, como a gente diz) era empolgante. Eu viajava para cidades do país inteiro, em busca do próximo astro do basquete, da nova revelação do futebol americano, da próxima lenda viva do beisebol. Fiz uma pausa antes de confessar:

– Só que, em algum momento, a minha profissão começou a parecer cada vez menos uma vocação e cada vez mais um trabalho como outro qualquer.

Minha própria sinceridade me surpreendeu. De onde vinha tanta facilidade para compartilhar meus sentimentos com uma desconhecida? Eu não sabia. Aquilo não tinha nada a ver comigo; pelo contrário, eu ganhava a vida escondendo o maior número possível de cartas na manga.

Diane acenou, com ar de solidariedade.

– Não é fácil encontrar quem seja apaixonado pelo que faz, não é?

– Não, creio que não.

Nem revirando a minha memória eu conseguia lembrar de algum conhecido meu que amasse o seu trabalho.

– Esse seu congresso é sobre o quê?

– "Marketing Criativo" – recitei o título. – Mas na verdade não tem nada a ver com criatividade, e sim com como criar novos métodos para ganhar dinheiro com patrocínios.

Quando é que eu tinha ficado tão cínico com relação à minha profissão?

– E o espetáculo que vocês estão ensaiando – volvi –, é sobre o quê? Este teatro está parecendo mais o cenário de um filme do Indiana Jones.

– Você está falando sério? Você não sabe mesmo do que trata o nosso show?

Sacudi a cabeça. Em vez de mostrar-se ofendida, contudo, Diane sorriu, divertida. Ela devia estar se perguntando quem era aquele intruso que havia conseguido driblar a segurança e caíra de pára-quedas no teatro, no meio do dia. E se inclinou na minha direção antes de falar:

– É um espetáculo chamado KÀ. Você por acaso já ouviu falar no Cirque du Soleil?

– Claro! – respondi. Toda a estranheza daquele ambiente finalmente ganhava sentido. – Vi os cartazes de vocês espalhados por toda a Las Vegas – mas, para ser franco, não sei muito bem o que é que vocês fazem.

– Bom – começou ela, encantada com o desafio de me educar e buscando entre as suas recordações um texto de apresentação que provavelmente havia anos que não precisava recitar – somos uma empresa de entretenimento criativo; criamos espetáculos a partir dos sonhos, talentos e paixões dos nossos artistas e criadores. O Cirque foi fundado em Quebec, em 1984, e hoje temos onze espetáculos espalhados pelo mundo – quatro só aqui em Las Vegas.

– Então, se este teatro de alguma maneira indica o que vocês fazem no palco, acho que já posso fazer uma idéia de como é o show. Vocês têm palhaços também?

Ela riu.

– Temos, sim, tudo isso e mais os palhaços. Mas, olha, acho que não dá para eu explicar tudo em cinco minutos. Ainda tenho uma série de reuniões hoje... mas vamos fazer o seguinte: por que você não vem à nossa primeira sessão desta noite, às 19h30? Se você me der o seu cartão, vai encontrar um ingresso à sua espera na bilheteria. Assim, vai poder ver por si mesmo o que é o Cirque du Soleil.

– Seria ótimo – repliquei, pondo-me de pé e entregando-lhe um cartão. – Eu adoraria.

– Muito bem. A gente se vê à noite, então. – Com isso, dei uma última olhada no vasto teatro e saí.

. . . Fica fácil encontrar

Voltei para o meu congresso revigorado, mas não para o "Marketing Criativo". Quando outro palestrante deu início à sua apresentação, meus pensamentos voaram de volta à cena que eu acabara de testemunhar. Nenhum dos meus colegas deu mostras de desconfiar de que, por mais que eu estivesse ali sentado entre eles, com uma expressão atenta no rosto, minha mente nem se dera ao trabalho de sair do teatro.

Encerrados os trabalhos do dia, um grupo começou a propor uma partida rápida de golfe, enquanto outros discutiam planos para o jantar – mas recusei todos os convites.

– Não estou reconhecendo você, Frank – inquiriu-me Steve, com um sorriso. – Você está se sentindo bem?

Relutando em revelar o meu segredo, limitei-me a dizer:

– É que consegui um ingresso para um espetáculo agora à noite.

– Qual?

– O do Cirque du Soleil. O nome é KÀ, eu acho.

– Mas esses shows ficam esgotados com meses de antecedência – admirou-se Steve. – Como foi que você conseguiu essa proeza?!

– Eu... – Hmm. *É verdade*, como é que eu tinha conseguido aquela proeza? Por que Diane tinha me dado um ingresso? Por que não havia simplesmente me colocado porta afora, para começo de conversa? Só ao ver a expressão dos meus colegas é que fui me dar conta da minha sorte por haver encontrado aquelas portas brancas e tê-las atravessado, uma a uma.

– Acontece que, quando a gente sabe o que está procurando – expliquei, numa falsa bravata –, fica fácil encontrar.

Capítulo dois

O Convite

KÀ

A ambientação misteriosa do teatro às escuras, o crescendo da música, o caleidoscópio das luzes, as figuras hipnóticas que rodopiavam pelo palco capturaram os meus sentidos. Já não pensava mais onde estava e ao que estava assistindo. Tudo o que fazia era vivenciar tudo aquilo.

Toda jornada interior começa pela técnica, mas só tem como avançar se nos permitirmos ir além da mera mecânica e penetrar no momento. O trabalho de uma massoterapeuta habilidosa consiste basicamente em mexer nos nossos músculos – mas quando a gente se permite render-se ao seu toque, ela pode nos conduzir a verdadeiros paraísos, longe de qualquer vestígio de civilização. A um hipnotizador, ao que me consta, basta controlar o seu timbre de voz para nos atrair para os recônditos do nosso próprio inconsciente, a ponto de esquecermos da existência mesmo do nosso guia, de tal modo nos perdemos entre os véus dos nossos sonhos. E um contador de histórias, graças ao seu domínio das metáforas, pode engendrar um conto capaz de mudar a vida de alguém.

A história que se desenrolava diante dos meus olhos era um épico sobre um príncipe e uma princesa, gêmeos separados na infância que não sabiam se o outro ainda estava vivo. Numa cena ocorrida durante o naufrágio do navio real, a jovem princesa é arrastada pelas ondas, depois de escapar por um triz de um ataque que deu cabo da vida da maioria dos seus familiares.

Assistindo à sua descida silenciosa e solitária no mar cerúleo em que o cenário se transformara, não parei para pensar em como havia chegado ali – o congresso sobre criatividade, as sete portas, a surpreendente generosidade de Diane, que viera ocupar a poltrona vaga ao meu lado na platéia do KÀ, poucos segundos antes do início do espetáculo. Tudo o que eu fazia era ver, ouvir, sentir.

A cortina translúcida que pendia à frente do palco e o mergulho rodopiante da acrobata contribuíam para a nítida sensação de que eu estava de fato assistindo à imersão da princesa num oceano sem fundo. Em meio às suas cambalhotas, meus pensamentos começaram também o seu próprio mergulho – ao encontro de Mike, meu melhor amigo, que havia morrido no ano anterior, num acidente de carro.

Mike e eu havíamos nadado juntos na equipe da nossa universidade. Nós nos encontrávamos todos os dias ao alvorecer, horas antes do início do treino, só para dar algumas braçadas a mais. Pensando no esforço que agora eu tinha de fazer para levantar da cama a cada manhã, mal dava para acreditar que era o mesmo sujeito que adorava os treinos extras ao nascer do Sol. Mike tinha muito a ver com aquilo; era a única pessoa que eu conhecia que tinha tanta vontade de vencer quanto eu. Às vezes, é mais fácil negligenciar o que é importante para nós mesmos do que frustrar um colega de equipe.

Quando soube da sua morte, cheguei a pensar em largar meu emprego. Mike vivia dizendo que a vida é curta demais para a gente fazer algo que não nos apaixonasse – mas não consegui. E se eu não encontrasse outro trabalho? E a hipoteca? E as contas? Assim, um dia depois de consolar a chorosa viúva de Mike no seu funeral, voltei à minha mesa.

Não creio que o KÀ tenha sido escrito para despertar lembranças desse gênero, mas, estranhamente, o espetáculo parecia feito sob medida para tal. Cada cena parecia deflagrar uma recordação ou um sentimento diferente. Será que o resto do público estava sendo afetado da mesma forma?

Quando os irmãos se reencontraram no final, a platéia respondeu à minha pergunta, pondo-se imediatamente de pé – eu, inclusive – para uma salva de palmas retumbantes.

Quando as luzes se acenderam, parei para olhar o programa que Diane me dera e notei que não havia nenhum nome em destaque, ninguém que sobressaísse aos demais. Não obstante, eu acabara de ver os artistas realizarem feitos atléticos que a maioria dos meus clientes jamais se atreveria a tentar, nem com o estímulo de um contrato de patrocínio multimilionário com uma marca qualquer de bebida energética.

– E então, gostou? – perguntou Diane. Virei-me para ela, incapaz de emitir qualquer som – mas intuí que nem precisava.

Ao deixarmos os nossos lugares, eu me sentia rejuvenescido. Estava estupefato com o incrível grau de controle com que os artistas haviam efetuado aquelas manobras arriscadíssimas em pleno ar. Não se limitavam a reproduzir o que haviam ensaiado; usavam seus corpos para esculpir histórias, materializar idéias do nada, despertar as emoções da platéia. Vendo os acrobatas escalarem a plataforma giratória quase vertical com que me deparara mais cedo naquele dia, senti a dobrinha de gordura que minha cintura vinha cultivando nos últimos anos, fruto de um número excessivo de jantares caros cortejando clientes e horas extras até tarde da noite no escritório, movidas a fast-food. Lembrei também de como fechei meus primeiros contratos para a nossa empresa de marketing: contando para os clientes em potencial histórias sobre a minha própria experiência esportiva, ainda que limitada. Agora, nossas conversas pareciam girar em torno de um único assunto: dinheiro.

Apesar de toda a minha autocrítica, porém, pressenti também todo um leque de novas possibilidades: se aqueles artistas eram capazes de contorcer seus corpos e moldar aquelas figuras impossíveis, se podiam saltar de alturas tão espantosas, se conseguiam me fazer sentir uma faísca de algo que havia anos não sentia, o que eu mesmo não seria capaz de realizar, em minha vida?

– Quer conhecer os bastidores? – convidou Diane, ao deixarmos o teatro.

Hesitei; o espetáculo tinha lançado um tal feitiço sobre mim que temi quebrá-lo se espiasse atrás da cortina e descobrisse que o Grande e Magnífico Oz não passava de um cara comum armado com um amplificador. No entanto, lembrei-me de que chegara até ali justamente ignorando o meu "bom senso", em favor da minha intuição.

– Claro – aceitei. – Vamos lá.

A importância das portas erradas

Deixamos para trás a turba que deixava o teatro, escapando por uma portinha lateral. Depois de cruzarmos o mesmo corredor que eu descobrira naquela tarde e passarmos por uma lousa coberta pelo que pareciam ser observações para o elenco, galgamos um lance de degraus e entramos numa sala onde os artistas, ainda caracterizados com a maquiagem e o figurino, abraçavam-se e se cumprimentavam, na maior balbúrdia.

Não me havia passado pela cabeça, dada a apresentação aparentemente impecável a que eu havia assistido, que eles pudessem não estar absolutamente seguros de seu sucesso; entretanto, vê-los comemorando daquele jeito lembrou-me que todo mundo tem bons e maus dias e mesmo os artistas mais experientes têm de correr riscos. Naquele espetáculo, aliás, os riscos não eram pequenos: por exemplo, pular de um poste para outro a dez metros de distância, contando apenas com as suas malhas de *lycra* para salvá-los de uma queda de uma altura de seis andares.

Em vários momentos do espetáculo, os atores eram varridos para fora das vistas da platéia, representando sua queda para além dos limites da Terra. Agora que eu estava recobrando o dom da fala, as perguntas começavam a borbulhar:

– Diane, para onde eles iam quando caíam do palco?

– Eles aterrissam num enorme colchão de ar instalado sob a plataforma giratória. É uma queda de quase vinte metros; eu não recomendaria sem um certo treino.

Quando o elenco percebeu a presença de Diane, correu ao seu encontro. Ela claramente tinha alguma influência ali.

O artista que representava o "Menino Vaga-lume", o personagem que impedira a princesa de cair, deu um abraço apertado em Diane.

– Slava! – exclamou ela. – Fabuloso!

Quando Slava foi arrastado de volta para o grupo por um de seus colegas, ela se virou para mim e explicou:

– Ele é a quarta geração de uma célebre família circense de Moscou. Para os russos, a vida artística em geral constitui uma tradição familiar.

Outro abraço, agora de um acrobata asiático:

– Henry!

E me contou:

– Henry era um garoto comum de dezenove anos de Edmonton quando ingressou na National Circus School de Montreal. Não tinha a menor experiência com acrobacia, mas estava decidido a chegar lá. Você ficaria surpreso com o número de histórias como essa. A maioria das pessoas que chegam ao Cirque é perfeitamente normal; tudo o que elas têm é a vontade de ir além.

Eu estava admirado com a quantidade de gente que via agora nos bastidores e claramente não fazia parte do espetáculo – pelo menos, não no palco.

Dois desses homens – que, em seus uniformes de trabalho, tinham um aspecto quase exótico em meio a tantos arqueiros ao estilo samurai, com suas berrantes pinturas de guerra e trajes pretos e carmins – aproximaram-se de Diane e abraçaram-na. Ela nos apresentou: Ian, um careca musculoso com uma prancheta nas mãos, e Rick, um sujeito magro e atlético de calça jeans e botas, com um volumoso walkie-talkie no cinto.

– Então, o que houve? – Diane lhes perguntou. Eu não fazia a menor idéia do que ela estava falando.

Ian revirou os olhos.

– Você quer mesmo saber?

– Provavelmente, não. Mas, o que quer que tenha acontecido, vocês devem ter resolvido muito rápido. Creio que a platéia nem percebeu que havia algo errado.

– Diane, vou te contar: por cinco minutos não tivemos de cancelar o espetáculo. Os elevadores do palco não estavam funcionando!

– É, tem razão: era melhor mesmo não me contar! – Ela riu. – Bom, pelo menos os seus procedimentos de prevenção funcionaram. O seu protocolo está bem mais rígido agora que nas pré-estréias que fizemos no outono.

– É verdade. A gente nunca teria descoberto o problema rápido o suficiente poucos meses atrás.

– Mas o que era, afinal?

– Uma falha do computador – revelou Steve. – Havia um sinal acusando falta de pressão hidráulica nos elevadores. Quando os elevadores recebem esse sinal, esteja certo ou não, eles não se mexem. Então, a equipe inteira foi passando a lista de verificação ponto a ponto, tentando descobrir qual era o problema, e em poucos minutos deciframos o enigma. Ou melhor, o nosso gênio da automação aqui, o Ian, decifrou. – Deu um tapinha nas costas do companheiro e prosseguiu: – Poucos meses atrás, teríamos tentado consertar o sistema hidráulico todo, em vez de só o computador que o administra.

Rick virou-se para mim:

– O segredo é nunca tentar resolver o problema sem antes saber qual é.

Ian acrescentou:

– Sabe qual é a definição de um bom espetáculo? – Sacudi a cabeça. – Um bom espetáculo é aquele em que só *a gente* sabe o que saiu errado!

– Bom, vocês fizeram um excelente trabalho – disse Diane. Em seguida, dirigindo-se ao grupo todo, felicitou-os: – Parabéns para todos! Menos uma apresentação – agora faltam só mais alguns milhares!

Com seus vivas e hurras ainda ecoando nos meus ouvidos, segui-a pelo longo corredor branco até o cassino.

– Diane, preciso te perguntar uma coisa: por que você me deu esse convite? Quer dizer, eu não passo de um sujeito que entrou pela porta errada. Não acredito que você costume convidar desconhecidos para irem até os bastidores.

Ela refletiu por um momento.

– Tem razão, não costumo mesmo. Creio que tive uma intuição qualquer a seu respeito. E, sabe, eu acredito na importância das portas erradas, do acaso. Não posso deixar de pensar que nós nos encontramos por algum motivo. Na nossa conversa hoje à tarde você disse que, no início da sua carreira, ela parecia uma vocação, mas agora parece um emprego comum. Não são muitos os que consideram o seu trabalho uma vocação, e menos ainda chegam a perceber quando essa sensação se esvai. Me diga: Qual a diferença entre o seu emprego e o que você viu aqui hoje à noite?

– Ora, a minha profissão não tem nada a ver com o que aconteceu aqui hoje. Eu trabalho atrás de uma mesa, ainda que com algumas das maiores celebridades do mundo dos esportes. Passo a maior parte do tempo negociando contratos com megacorporações pelo telefone. E não visto um figurino bacana para me apresentar diante de mil pessoas. Tenho de usar terno!

Ela riu:

– Os nossos advogados também negociam contratos, e a nossa equipe de marketing lida com as mesmas empresas que você. A diferença é que eles provavelmente não fazem nada disso do mesmo jeito que você. Todo mundo aqui procede de maneira meio diferente, qualquer que seja a sua função. Ninguém perde a ligação com o nosso produto final, que são os shows em si. Não administramos uma linha de montagem, em que as pessoas ficam isoladas em seus cubículos. Todos fazem parte daquilo que acontece no palco, e é por isso que se encontra sempre tanta gente comum nos bastidores. Pensei que o meu convite pudesse ajudá-lo a lembrar da sua vocação, de como você era antes de se trancar nesse terno.

Olhei pensativo para a minha roupa. Diane sorriu; era só uma metáfora, claro. Antes que eu pudesse responder, ela completou:

– Frank, ainda preciso falar com muita gente hoje, mas não queria perder o contato com você. Vou te dar o meu cartão. Se algum dia você for a Montreal, me ligue. Eu adoraria saber se você conseguir reencontrar a sua paixão. De certa forma, é isso que move o Cirque du Soleil.

Parei para ler o cartão, enquanto ela desaparecia de vista: *Diane McKee, Cirque du Soleil, Divisão de Conteúdo Criativo – Presidente.*

Capítulo três

O Teste

Bem-vindo ao Cirque du Soleil

Quando voltei a Chicago, imaginei que o feitiço que o Cirque lançara sobre mim desvaneceria – de modo tão previsível quanto a rapidez com que minhas eventuais resoluções de voltar à antiga forma física eram sempre esquecidas, assim que eu punha os olhos sobre uma voluptuosa fatia de bolo de chocolate no carrinho de sobremesas. Assim, fiquei esperando que a inspiração que me invadira em Las Vegas evaporasse, a fim de retomar o ritmo cotidiano da minha vida.

Passou-se um dia, e mais um, e meu entusiasmo não se esvaía. Passou-se uma semana, depois duas, até que finalmente cheguei à conclusão de que a chama que o Cirque acendera em mim não se deixaria apagar com tanta facilidade.

Foi com isso em mente que um dia comecei a revirar meu e-mail e os arquivos espalhados pela minha mesa, em busca de uma boa desculpa para uma viagem a Montreal. Até que encontrei uma: Cari Schultz, uma ginasta universitária que acabara de se candidatar a um teste no Cirque du Soleil.

Normalmente, uma cliente com esse perfil ficaria a cargo de um dos meus colegas juniores. Um profissional do meu gabarito em geral representa apenas os atletas que envolvem uma grana alta (jogadores profissionais de futebol americano, beisebol e basquete), mas eu tinha perdido o gosto pela normalidade. Pela primeira vez em muitos anos, comecei a apreciar as oportunidades que minha profissão me proporcionava. Procurei o cartão de Diane, peguei o telefone e comecei a discar antes que tivesse tempo de reconsiderar.

Para minha surpresa, ela mesma atendeu. Lembrou-se de mim no ato e perguntou quando eu apareceria para uma visita. "Semana que vem", falei sem pensar, e contei sobre o teste de Cari Schultz. Ao desligar, tinha a sensação de que haviam me tirado um peso enorme dos ombros – e tive a certeza de que havia tomado a decisão certa.

Mesmo tendo acabado de conhecê-la, quando nosso avião decolou do Aeroporto de O'Hare, Cari já havia me causado uma forte impressão. Baixinha, forte e bonita, ela me lembrava um pouco Mary Lou Retton, antiga campeã olímpica americana. Não demorei a perceber que ela tinha tantas dúvidas quanto eu a respeito do Cirque.

– Quer dizer, não estou nem entre as dez melhores ginastas americanas, que dirá ter uma medalha olímpica – ela me confidenciou enquanto nosso avião subia até a altitude de cruzeiro. – E o Cirque só contrata os melhores ginastas. O que eles iriam querer com alguém como eu?

– De fato, eles precisam de gente talentosa – expliquei, lembrando-me da minha conversa com Diane –, mas me parece que só o talento não basta, nesse caso. Ao longo da sua história, eles já recusaram alguns campeões olímpicos. A questão vai além da habilidade da atleta no salto sobre o cavalo ou nas barras assimétricas.

– Então, o que é que eles *querem*?

– Não sei direito, mas sei que eles vão gostar do fato de que você domina todos os aparelhos – versatilidade é fundamental – e de você ser a capitã da equipe. Como eles têm que trabalhar em equipe durante anos, ter experiência nessa área faz diferença. Eles já devem ter feito uma boa idéia da sua personalidade na entrevista pelo telefone.

– Nossa! Foi a entrevista mais estranha que eu fiz no semestre todo! Perguntaram qual foi o maior constrangimento por que já passei.

Fiquei curioso:

– O que você respondeu?

Ela riu.

– Foi quando a lateral da minha malha rasgou quase até a axila, bem no meio da minha apresentação de solo. Não deu para ver nada, mas todo mundo no ginásio estava olhando para mim quando eu terminei!

– E o que foi que você fez?

– O que é que eu *podia* fazer?! Quando completei o exercício, joguei os braços para cima e abri o maior sorriso que consegui. O público adorou – e os juízes me deram as maiores notas da minha carreira! A avaliadora do Cirque também gostou, aliás. Ela disse que um acidente não passa de uma oportunidade disfarçada para sermos criativos.

Agora, estávamos os dois rindo.

– Não é difícil entender o que foi que eles viram em você. Para falar a verdade, só assisti a um espetáculo do Cirque. Mas, por mais fantásticas que sejam as suas acrobacias, eles são artistas – não estão competindo, e paixão e tenacidade contam muito.

– Assim espero – volveu ela, olhando para a paisagem canadense coberta de neve que se estendia abaixo de nós. – Já aceitei o fato de que nunca irei a uma Olimpíada – mas esta é uma oportunidade maravilhosa para utilizar o meu preparo de uma maneira totalmente diferente.

Embora já fosse início de abril, ao sairmos do aeroporto fomos recebidos por um frio de cinco graus abaixo de zero, apesar do Sol radiante e do céu límpido. Ao longo do nosso trajeto de táxi até a sede do Cirque, na zona norte da cidade, observei a neve amontoada nos meios-fios, formando rampas grandes o suficiente para um praticante de *snowboard* voar longe. Logo chegamos ao campus amplo, engalanado com um resplandecente cubo de alumínio ao centro e um imenso sapato de palhaço esculpido em bronze diante do portão principal.

Ao passarmos pelas portas de vidro do prédio principal, avistei Diane, com seu casaco de veludo de sempre, na portaria.

– *Bonjour*, Frank e Cari! Bem-vindos ao Cirque du Soleil! – ela nos saudou, abrindo bem os braços, e apresentou a jovem sentada ao seu lado: – Esta aqui é Marie, que vai acompanhar Cari ao longo do processo de registro. Você vai ficar do outro lado da rua, no alojamento dos artistas – disse para Cari. – Quanto ao senhor – prosseguiu, agora apontando para mim –, vamos dar uma volta! Mas, antes de mais nada, vocês dois vão precisar de crachás de visitantes.

Cari e eu fomos conduzidos a um balcão luminoso e colorido, como um quiosque à beira-mar, para sermos fotografados.

– Coloque os pés sobre as duas pegadas no chão – pediu o fotógrafo.

Quando olhei para baixo para ver se os meus pés estavam no lugar certo, vi que as pegadas eram de palhaço, com dois saltinhos minúsculos e um pé enorme. Não pude evitar um sorriso.

Depois do clique da câmera, desejei boa sorte a Cari, como já fizera com tantos e tantos clientes antes. Quando ela retribuiu meu sorriso, percebi que, desta vez, meu desejo era sincero.

A razão de ser do nosso trabalho

– Nossa sede foi inaugurada em 1997 – explicou Diane enquanto deixávamos o saguão principal. – Ficamos durante anos no centro, instalados numa velha oficina de locomotivas, e sabíamos que precisávamos de algo mais espaçoso. Então, construímos este complexo, na ilusão de que ele seria suficiente para atender às nossas necessidades por, no mínimo, uma década. Contudo, bastaram três anos para voltarmos a ficar sem espaço; então, duplicamos o que tínhamos com outro edifício, anexo a este, mas em dois anos já ficamos apertados outra vez!

Passamos por umas mesinhas redondas de aço inoxidável, em que algumas pessoas bebiam café, comiam croissants e empenhavam-se em conversas animadas. Todos pareciam falar com entusiasmo, rindo, rabiscando em grandes blocos, garatujando anotações em suas agendas.

– Parece um lugar agradável.

– Ah, sim, é muito agradável – ela concordou. – Não o tempo todo, claro. De vez em quando sai um quebra-pau – afinal, todo mundo aqui é humano –, mas na maior parte do tempo é agradável, sim. Quanto melhor nos damos, mais liberdade temos para nos soltarmos e expressarmos nossas idéias e emoções. É difícil ser criativo no isolamento. A verdadeira criatividade é fruto de muita colaboração... e, sim, mesmo de conflitos e confrontos.

Diane me conduziu por um corredor banhado de Sol, ladeado por várias janelas amplas de um lado e uma série de cartazes coloridos do outro, todos com nomes extravagantes: *Quidam*, *Saltimbanco*, *Varekai*. Não pareciam palavras inglesas, mas também não consegui identificar os idiomas. Os cartazes exibiam imagens estranhas e arrebatadoras: um homem sem cabeça levando um guarda-chuva, uma mulher cômica com maquiagem de circo completa e um sorriso bobo no rosto e um sujeito desengonçado, com cara de tio da gente, que parecia estar cuidando de uma plantinha qualquer – até que percebi que a tal "planta" era a sua calça.

Diane percebeu meu fascínio.

– Você vai ver os cartazes dos nossos espetáculos espalhados pelo prédio inteiro. É importante lembrar às pessoas que, qualquer que seja a sua função no Cirque du Soleil – sejam acrobatas ou contadores –, é por esses shows que elas fazem o que fazem. Isso ajuda a manter a motivação da equipe.

Nunca perder de vista a razão de ser do trabalho – está aí uma idéia que sem dúvida não faria mal a nenhuma empresa. Tentei lembrar quando tinha sido a última vez que eu fora a um jogo de um dos meus jogadores – ou, mais importante ainda, quando havia levado um dos meus assistentes para ver um cliente jogar. Enchi-me de tristeza ao constatar que havia anos que não fazia nada disso.

Entramos em um elevador, subimos alguns andares e descemos outro corredor. Havia meia dúzia de fotos emolduradas, penduradas na parede. Meu olhar foi atraído pela imagem colorida de um sujeito de terno, lendo tranqüilamente seu jornal, com um sorriso divertido no rosto, enquanto suas roupas e seu chapéu ardiam em chamas.

– Estes são os nossos palhaços. Este bebezão aqui está no elenco de *Mystère*, nosso primeiro espetáculo fixo em Las Vegas. O garoto com cara de maluco é o palhaço de *Saltimbanco*, que agora está na Europa. E este que está pegando fogo é de "O", outro espetáculo em cartaz em Las Vegas. Isso aí é fogo de verdade, aliás. Ele tem noventa segundos para atravessar o palco sem se queimar – e nunca o vi entrar em pânico e apertar o passo!

Passamos por algumas das salas de reunião, também identificadas por nomes de espetáculos: *La Nouba, Nouvelle Experience, Zumanity*. Algumas delas davam para um dos gigantescos estúdios para ensaio, que devia ter uns seis andares de altura. Sem vidros fumês nem portas de aço para bloquear o fluxo de luz ou de gente, o clima era aberto e convidativo. Ao passarmos por vários escritórios, entreouvi discussões joviais, pontuadas por explosões de riso aqui e ali.

– Vamos para o... *Quidam* – anunciou Diane. Sentei-me numa das oito poltronas e olhei pela janela. Levei um susto ao ter a impressão de ver alguém se materializar por um instante do outro lado do vidro antes de desaparecer. Quando ele voltou a cruzar o meu campo de visão, um momento mais tarde, percebi que não era alucinação.

Diane explicou que os artistas estavam ensaiando seu novo espetáculo no estúdio ao lado.

Levantei e fui até a janela, encostando o rosto no vidro igual a um garoto num lava-rápido de carros. Toda a sede do Cirque du Soleil me lembrava um fantástico parque de diversões; era como ver o mundo pelos olhos de uma criança. No estúdio de ensaio aos nossos pés, alguns artistas estavam amarrados numa espécie de cinto de segurança, com longas cordas elásticas presas a cada lado do quadril, e pulavam a dez ou doze metros de altura, dando saltos mortais, cambalhotas, giros, agarrando-se a trapézios presos no teto – até soltarem de novo, em uníssono, em pares ou trios.

– Detesto interromper os seus devaneios, Frank, mas precisamos dar uma olhada no contrato de Cari – disse Diane, olhando uns papéis sobre a mesa. – Se estiver muito difícil para você se concentrar, posso fechar as persianas.

– Não! Não precisa, não – redargüi, voltando com relutância ao meu lugar e incapaz de tirar os olhos daquela janela.

– Vou te contar um segredinho – sussurrou ela, em tom conspirador. – Quando é uma negociação complicada, fazemos as nossas reuniões aqui. Basta uma empresa de telefonia, fabricante de computadores ou escritório de contabilidade ver o que fazemos aqui para logo quererem fazer parte disso também.

Claro que eu entendia o desejo de fazer parte daquilo. Que bela maneira de convencer um parceiro em potencial. Usar uma abordagem criativa como aquela para conquistar clientes para a nossa agência provavelmente seria bem mais eficaz que a mesma velha lengalenga de sempre sobre qualidade, reputação e integridade.

– Não que o contrato de Cari seja complicado – ela sorriu. – Nessa etapa, aliás, ele é bastante objetivo. Se Cari passar no teste, vai ficar entre doze e dezesseis semanas aqui, no nosso estágio geral, onde vamos colocar à prova as suas habilidades físicas, sua versatilidade, sua energia e sua abertura. Vamos pagar uma remuneração semanal simbólica pelo seu trabalho; se tudo correr bem, podemos oferecer um papel num dos nossos espetáculos, e aí vamos voltar a falar em contratos – só que, então, a longo prazo.

Engraçado: a descrição que Diane fez do processo me deixou todo arrepiado; senti por Cari o mesmo nervosismo de quando, ainda garoto, disputei uma vaga na equipe de natação da universidade. O entusiasmo inato da minha profissão estava ressurgindo das cinzas.

Fechado o nosso acordo, Diane sugeriu:

– Por que não descemos para ver mais de perto?

A paixão é a alma de tudo o que fazemos

Quando descemos pela escada para o primeiro andar, deu para notar que quase tudo – corredores e escritórios, passadiços e escadarias – fora projetado em ângulo, de modo que as dimensões do prédio criavam aquele tipo de ilusão da Fantástica Fábrica de Chocolate.

O pé-direito das áreas comuns tinha uns doze metros de altura; cabos e fios suspensos e tubos de aço cortavam o ar lá em cima. Cada superfície plana estava coberta de arte de todos os tipos – de pinturas a relevos e esculturas. O efeito geral era futurista e fascinante, exatamente como o futuro deveria ser. Se o ambiente for mesmo capaz de estimular a criatividade, como afirmam alguns, o clima do Cirque devia injetar em seus empregados níveis estratosféricos de energia criativa.

A caminho do primeiro andar, todo mundo que encontramos parecia conhecer Diane. Volta e meia ela parava para uma conversa rápida ou para saber das novidades, como acontecera com o pessoal dos bastidores em Las Vegas. Ela instruiu um sujeito a mandar "o conceito do programa de suvenires" para a sua sala; deu os parabéns a uma alta alemã oriental chamada Birgit pelo filhinho recém-nascido – e, quando nos afastamos, explicou-me:

–Birgit está se preparando para voltar para o seu espetáculo, em que atua no poste chinês. Depois da licença-maternidade, ela começou a voltar aos poucos à ativa, ajudando-nos na parte de treinamento, mas acredito que dentro de um mês ela estará de volta aos postes.

Em seguida, Diane garantiu a um angustiado diretor de criação que, sim, a estréia do espetáculo aconteceria na data prevista e dentro do orçamento, se todos perseverassem – lembrando-me de que ali não era nenhuma Ilha da Fantasia, mas uma empresa com fins lucrativos, com muitos dos mesmos problemas financeiros e relacionados à produção de qualquer outra empresa.

– Prazos e orçamentos? – gracejei. – Pensei que as regras normais – inclusive a lei da gravidade – não valessem por aqui.

– Ah, temos prazos e orçamentos, sim, e como! Sem eles, creio que não teríamos nem metade da nossa criatividade. São eles que nos obrigam a criar soluções que do contrário jamais nos ocorreriam. É incrível a capacidade de motivação que os limites de tempo, dinheiro e recursos podem ter. Algumas das nossas idéias mais inspiradas surgiram das mais espartanas situações.

Uma coisa era certa: apesar da informalidade do traje, todos os funcionários do Cirque davam um duro danado. Diante desse meu comentário, Diane replicou:

– Ah, sim. Você vai ver que essa turma trabalha pesado – e não só os artistas, mas todos. Uma das nossas advogadas, Julia, faz mais horas extras no Cirque que num grande escritório de advocacia, que era conhecido pelo ritmo extenuante – e faz isso não por ser obrigada, mas por amor: é apaixonada pelo que fazemos. Sei que a maioria de nós, aliás, é. Só que isto aqui não é para qualquer um. Tem gente que prefere mais estrutura, mais segurança, menos cobrança para que cada um produza algo especial. Essas pessoas geralmente acabam se sentindo deslocadas logo nos primeiros meses. A paixão é a alma de tudo o que fazemos; sem ela, não se fica aqui por muito tempo.

Um novo jeito de pensar

Chegamos a duas gigantescas portas vermelhas com janelas redondas, que davam para um enorme ginásio – ou estúdio, como Diane o chamava.

Meu olhar foi imediatamente atraído para o balé executado pelos artistas suspensos, por cordas elásticas, de uma grade lá no alto. Vendo os seis despencarem para menos de três metros do chão, disparando em seguida em direção ao teto, onde seu peso parecia desaparecer, senti um frio no estômago. Ainda assim, não dava para desviar os olhos. Sua velocidade, energia, precisão e equilíbrio eram extraordinários. O técnico, entretanto, parecia bem menos impressionado que eu.

– Alex, isto não é um solo! – berrou para um deles. – Só temos mais um mês; assim não dá! Você tem de prestar atenção aos seus parceiros. Sinta o ritmo e responda a ele! Só assim você vai poder se expressar para o público. Tem de parecer que vocês não estão fazendo esforço nenhum, para a platéia poder sentir que está alçando vôo junto com vocês. Anda, vamos tentar de novo.

Os artistas voltaram aos seus trapézios, enquanto o treinador fazia um gesto ordenando o início da música. Depois de alguns movimentos nas barras, todos pularam para trás, deixando seus trapézios, como se estivessem saltando de um trampolim para a água – com o detalhe de que não havia água nenhuma, só o chão duro e frio aos seus pés; assim, quando os elásticos atingiram o máximo da distensão, eles deram uma cambalhota e prepararam-se para serem lançados para cima.

Seis contra-regras – um para cada artista – chamaram a minha atenção: não paravam de ajustar a tensão nas cordas de segurança, conferindo aos artistas, ao mesmo tempo, a folga necessária para realizarem seu trabalho e suficiente segurança para que estivessem protegidos caso saísse algo errado. Assim, os seis artistas – dois homens e quatro mulheres – podiam se dar ao luxo de não se preocuparem com o trabalho dos técnicos, o que lhes permitia se concentrarem única e exclusivamente em seus vôos pelo ar, como atletas de nado sincronizado.

– Isso, isso, Alex, assim! – gritou o treinador. – Agora, sim, aproveitem! Dêem esse presente para a platéia!

Foi o que eles fizeram – um sexteto cortando os ares, caindo e girando, um passando pelo outro, anjos acrobatas dançando nas nuvens. O número culminou com os seis chegando aos seus trapézios ao mesmo tempo e balançando suavemente, como se não tivessem mesmo feito nada mais difícil que brincar no balanço da pracinha. O técnico exclamou:

– É para *isso* que a gente está trabalhando! Agora está dando para ver o que a gente tinha imaginado. Agora se entende por que as pessoas vão querer voltar para ver vocês de novo!

Todos batemos palmas, e Diane gritou "Bravo!" – o que o treinador entendeu como sua dica para aproximar-se de nós. Diane apresentou-o como Igor.

– Muito bem, *drug* – saudou-o ela, usando, como eu mais tarde descobriria, a palavra russa para "amigo".

– *Spasiba* – ele agradeceu, numa ligeira mesura. Não chegava ao 1,70 metro, ostentava uma longa barba, toda entremeada de fios brancos, e um sorriso largo que combinava com seus olhos penetrantes. Se pusesse um colete, jeans, botas de caubói e chapéu, ficaria igualzinho a um garimpeiro rabugento de um bangue-bangue de segunda categoria.

– Eles estão ótimos! – comentou Diane. – Estou vendo muitos progressos!

– Estamos chegando lá – assentiu ele, a testa porejando suor. – Mas *é bom mesmo* estarmos progredindo. A estréia é daqui a um mês, e só estamos com meio caminho andado.

– Está extraordinário.

– *Nyet* – replicou Igor, rechaçando o meu elogio com um aceno de mão, como se espantasse uma mosca inoportuna. – Temos de acertar todas as vezes. Precisamos amarrar melhor, para não transparecer para ninguém na platéia todo o esforço que há por trás da apresentação. Tem que parecer natural. Olhe só ao nosso redor: este prédio é fantástico; é um lugar mágico. Nunca vi uma construção assim. Para construir um prédio como esse é preciso muita imaginação, claro; mas, sem disciplina – a disciplina necessária para aprender física e biomecânica, para insistir nos melhores materiais, para projetar e construir tudo da maneira correta –, viria tudo abaixo!

– O Alex é um dos acrobatas mais talentosos que já recrutamos, mas – ressalvou – essa é a primeira vez que ele participa de um número em conjunto, e está tendo uma enorme dificuldade para entender que o que a gente faz aqui no Cirque não é uma mera ginástica. Queremos *artistas!* Há uma grande diferença, que demorei muito tempo para compreender.

E concluiu:

– Num espetáculo do Cirque, podemos fazer tudo que seja possível imaginar. Tamanha liberdade é ao mesmo tempo o problema e a solução, pois nos obriga a pensar de um jeito diferente, o que pode não ser nada fácil. Antigamente eu era técnico de ginástica; precisei aprender a transformar os elementos acrobáticos em elementos artísticos para não me contentar apenas com oohs e aahs, mas sim provocar uma resposta mais pessoal do público.

Lembrei-me das fortíssimas emoções que havia sentido durante o KÀ e entendi que não foi por acaso que elas me invadiram: a intenção do pessoal do Cirque era exatamente essa.

– E como é que você ajuda os atletas a fazerem essa transição? – indaguei.

– Você alguma vez treinou alguém?

– Um pouco, na natação do colégio, há anos – e, por mais técnica que eu tivesse nas braçadas, levei um bom tempo para aprender a transmitir os meus conhecimentos para a minha equipe.

– Isso mesmo. No começo, treinar no Cirque foi muito complicado para mim; tive de aprender um jeito novo de pensar. Eu sabia que era um bom técnico, mas principalmente por haver aprendido com outros bons técnicos. O Cirque foi um desafio para mim, pois precisei aplicar os meus conhecimentos a um tipo de apresentação completamente diferente. Mas o mais difícil é mudar a maneira de pensar dos artistas com quem trabalho. Muitos deles são ex-ginastas, habituados a competições – e a ginástica olímpica é um esporte basicamente individual. O ginasta nunca é estimulado a ser criativo ou a trabalhar em equipe de verdade – e nunca chegaria aqui se não fosse forte como *indivíduo*. Então, desde o princípio, a gente se empenha por apagar as linhas que separam o esporte da arte, o indivíduo do grupo. Precisamos transformar o indivíduo num membro da equipe com quem todos os outros podem contar e, literalmente, colocar a própria vida em suas mãos – e transformar o atleta num artista capaz de, só com a sua linguagem corporal, levar pessoas que ele nunca viu antes às lágrimas.

– Outra coisa que tive de aprender – prosseguiu – foi que isto tudo aqui é uma empresa – uma organização dispendiosa e extremamente complexa. Nos esportes, quem fica aquém do esperado pode se recuperar e voltar. Mas a gente está numa entidade privada, com quantias estratosféricas investidas em cada espetáculo. Na escala em que trabalhamos, um tropeço de nada pode causar graves danos à empresa. Aqui, podemos conquistar credibilidade suficiente ao longo dos anos para cometermos um ou dois erros; mas é preciso também apresentar resultados. E ninguém vai mostrar a que veio sem correr riscos, seja um indivíduo ou um grupo. Isso é fundamental – só que é preciso aprender a correr os riscos *certos*: aqueles que vão nos permitir cumprir os nossos planos.

Melhor você se arriscar

Diane me levou para o outro lado do estúdio, onde estava um grupo de atletas de ar nervoso – entre eles, Cari. Ao avistá-la, lembrei toda a tensão, desconforto e constrangimento que se pode sentir numa audição dessas, principalmente com um bando de desconhecidos que disputam uma vaga no time.

– O que eu querro é o seguinte – explicou a avaliadora, com um sotaque exagerado e um sorriso travesso. Seu nome era Annie; Diane contou-me que era ex-ginasta, coreógrafa e técnica da equipe de seu país. – Vocês vão subirr nesta corrda aqui e, quando chegarrem lá no alto, vão cantarr uma música. Alguma perrgunta?

Os vinte ou trinta candidatos deram um riso nervoso. Por fim, um jovem com a camiseta de um clube de ginástica italiano perguntou:

– A senhora está falando sério?

O humor esvaiu-se como que por encanto do rosto de Annie, que botou as mãos nas cadeiras e caminhou lentamente na direção do rapaz:

– Porr acaso parrece que eu estou brrincando? – Os olhos dele se arregalaram de surpresa. – Não deixem que toda essa minha doçurra engane vocês. – O grupo riu. – Nem semprre eu sou assim, tão amorrosa e corrdial. Quem vai ser o prrimeirro? Que tal... – interrompeu-se como se analisasse o grupo um a um, até parar no italiano. – O senhorr, *monsieur, allez* – pode subirr!

Todos riram. Enquanto o jovem se preparava para subir na corda, Annie perguntou:

– Como você se chama?

– Giovanni, mas os meus amigos me chamam de Gio.

– Então vou te chamarr de Giovanni.

– Participo de competições há quase vinte anos – queixou-se ele –, e nunca antes precisei subir numa corda.

– Bom – Annie retrucou, jogando a corda em cima dele –, prra tudo nesta vida tem semprre uma prrimeirra vez, não é?

Novas risadas do grupo, embora fosse evidente a simpatia de todos pelo rapaz.

Gio ainda protestou:

– Mas eu não sei cantar!

– Sim, Giovanni, e eu não sei tocarr flauta! Mas, se o Cirque me pedirr parra tocarr, eu toco!

Giovanni finalmente entendeu e atracou-se com a corda. Demorou um pouco para pegar o jeito da coisa, mas bastou o primeiro metro e pouco para sua habilidade motora prevalecer e ele percorrer rapidamente os seis metros que o separavam do topo.

– Agorra a sua música, porr favorr!

– Mas eu só conheço música italiana!

– Não me interressa se é em sâncrrito! Cante!

Ele limpou a garganta e entoou uma exagerada versão de "That's Amore", para alegria do grupo no chão. Cantou mal, mas cantou alto, com *gusto*. Enquanto descia, ganhou o aplauso dos demais.

– Nada mal, Gio – disse Annie, fazendo algumas marcas ao lado do seu nome numa prancheta. – Não chegou a serr bom, mas também não chegou a serr rruim.

– Por que ela está fazendo isso com eles? – sussurrei para Diane.

– A maioria deles é atleta – e, como o Igor explicou, estão habituados a seguir as regras, a obedecer ordens. Eles precisam aprender a sair da sua zona de conforto, a experimentar algo diferente e a se expressarem. Precisam aprender a se comunicar com as pessoas de outra maneira. Para nós, esse é o espírito dos nossos espetáculos: comunicação. Precisamos descobrir quem é capaz de fazer isso, e quem não é.

Para minha surpresa, Cari foi a voluntária seguinte. Ela não me parecera ser tão corajosa assim. No entanto, lá estava ela, subindo pela corda – escorregando no começo, até aprender a coordenar os movimentos dos braços e pernas. Lá no alto, com a cara vermelha do esforço, ela abriu um dos braços para efeito dramático e caprichou na música-tema de *Annie*. "*The sun'll come out... tomorrow*!" Sua voz tremia e estava completamente fora do tom, mas isso só tornou a sua apresentação mais engraçada e cativante. O resto do grupo estava nitidamente a seu favor, rindo e incentivando-a. Ao terminar, ela agradeceu, debaixo de uma salva de palmas, e começou a descer cuidadosamente. Ao chegar ao chão, seu rosto estava de um cor-de-rosa radiante – e com um sorriso de orelha a orelha. Eu parecia prestes a estourar de orgulho. Bastava uma olhada em quem estava no estúdio para ver o quanto o seu sorriso era contagiante.

– Bom – eu disse a Diane, com modéstia –, provavelmente ela é melhor ginasta que cantora.

– Pode ser – replicou ela, sem tirar os olhos de Cari nem desfazer o sorriso de apreciação. – Mas vou te dizer o mais importante: é que ela é atrevida. Se a pessoa tem coragem e generosidade suficientes, o resto a gente pode ensinar. Para mim, a criatividade tem a ver, antes de mais nada, com coragem – a disposição para correr riscos, experimentar coisas novas e compartilhar as experiências com os outros. E isso ela tem de sobra.

Encerrada a minha estadia em Montreal, Diane despediu-se pedindo que eu a mantivesse a par dos meus progressos.

– Dê notícias – pediu enquanto eu entrava no táxi que me levaria ao aeroporto. – E não deixe de ligar caso queira nos fazer outra visita.

Capítulo quatro

O Aprendiz

Uma questão de fé

Enquanto eu esperava na estação de trem, folheando distraidamente o caderno de esportes do *Chicago Tribune*, dei uma daquelas cochiladas tão comuns no caminho para o trabalho.

De repente, fui despertado pela lembrança de um cartaz que eu tinha visto na sede do Cirque du Soleil. Era a imagem de um homem, sentado num banco bastante parecido com aquele em que eu me encontrava agora e vestindo um terno parecido com o meu, lendo o jornal tranqüilamente, como eu fazia um momento antes. A única diferença era que, enquanto ele lia as notícias, seu corpo estava todo em chamas.

Já totalmente acordado, lembrei-me do porquê de aquele cartaz, entre outros, estar pendurado numa parede da sede do Cirque: para que todos os seus funcionários tivessem sempre em mente a razão de estarem ali, do objetivo de todo o seu trabalho.

Ocorreu-me então que, nas últimas semanas, eu tinha praticamente esquecido por que Diane havia me convidado para a estréia do KÀ. Havia se estabelecido uma ligação qualquer entre nós – e, pressentindo a nuvem de tédio que vinha obscurecendo minha vida, ela me proporcionara uma luz no fim do túnel, uma oportunidade de voltar a experimentar toda a paixão e mistério que havia ao meu redor. Percebi, entrando naquele dia no trem e sentando-me no meu lugar, que estava começando a me acomodar na mesma rotina em que permanecera imerso até então – atravessando a vida como um sonâmbulo, de olhos semicerrados, sem um verdadeiro sentido de direção. Por que eu tinha escolhido aquela profissão, mesmo? E, acima de tudo: por que eu escolhera viver daquele modo?

A intenção de Diane era lembrar-me quem eu era *antes* de vestir aquele terno, anos atrás. Mas fazia tanto tempo – haveria mesmo alguma possibilidade? Lembrei de uma noite em que fui com Mike ao nosso bar favorito e conversamos sobre os nossos planos para depois que nos formássemos. Mike, sempre muito seguro de si, já tinha conseguido um emprego de professor no Brooklyn, onde fora criado. Falava em dar aulas desde os nossos tempos de calouros; eu invejava sua capacidade de saber exatamente o que era mais importante para si e correr atrás daquilo sem se deixar desviar de rumo.

Já eu não tinha tanta certeza do que desejava fazer. Eram tantas as coisas que me interessavam, tantos os lugares que eu queria conhecer, tantas as pessoas que queria ser. Entretanto, não fazia a menor idéia de como tornar *algum* dos meus sonhos realidade.

– Frank – Mike sugeriu, com uma franqueza incomum –, você vai ter de encontrar algo que seja tão importante para você, de modo que possa construir a sua vida em torno disso.

Foi naquela noite que resolvi transformar a minha paixão pela disciplina e beleza dos esportes numa carreira, ajudando jovens atletas a se estabelecerem profissionalmente. Como agente, eu teria a chance de ajudar esportistas talentosos a realizar seus sonhos, ao mesmo tempo trabalhando numa área muito empolgante para mim. E foi o que fiz.

Só que o tempo passa, e a paixão se extingue.

Seria possível reavivá-la?

O trem parou na minha estação. Ao levantar e colocar o jornal dobrado sob o braço, fui assaltado por uma idéia nova e empolgante. Era atrevida e arriscada, mas eu precisava tentar. Como Igor havia explicitado tão bem, é impossível realizar algo significativo sem fé. Mas, primeiro, é preciso um sonho.

Chegando ao escritório, liguei para a secretária do presidente da nossa empresa e pedi que agendasse uma hora para mim. Alan estaria livre naquela tarde, ela falou.

Algumas horas depois, lá estava eu, sentado diante da mesa de Alan, com as mãos suando, esperando enquanto ele terminava uma ligação.

Depois de uma troca de amabilidades, respirei fundo, com medo da conversa que nos aguardava. Eu gostava de Alan e o respeitava, mas não lhe dera qualquer indício do quanto andava insatisfeito com o meu trabalho. Um dos pré-requisitos da nossa profissão era a manutenção das aparências, tanto dos nossos clientes quanto a nossa própria. Isso, porém, tinha um custo: em vez de nos empenharmos de fato para ajudá-los, nosso receio de aborrecê-los (e correr o risco de perdê-los) era às vezes tão grande que deixávamos de lhes dizer a verdade nua e crua que não raro precisavam ouvir. Para piorar meus temores, Alan tinha fama de cabeça quente. Então, lembrei-me da coragem de Cari na corda, no estúdio do Cirque, cantando a plenos pulmões para os colegas. Se ela havia conseguido, eu também conseguiria.

– Não estou satisfeito com o meu trabalho aqui, Alan. E cheguei à conclusão de que faz algum tempo que venho me sentindo assim.

Para minha surpresa, Alan não perdeu a calma:

– Para ser sincero, Frank, eu já tinha percebido. Por que você não veio conversar antes comigo?

– Creio que só há pouco tempo percebi isso.

Lembrando de tudo o que vira em Las Vegas e Montreal, resolvi colocar as cartas na mesa. Falei da minha experiência com o Cirque e do que havia entendido que faltava na minha vida profissional e na pessoal. Quando pensei que tinha dito tudo o que precisava dizer para ser demitido, Alan me interrompeu:

– Bom, e o que você pretende fazer a respeito, Frank?

Então, expus meu plano: eu queria tirar um sabático de um mês, durante o qual aceitaria o convite de Diane para voltar a visitar o Cirque du Soleil. Aprenderia mais sobre a sua cultura e sobre como aplicar um pouco daquela mágica à minha própria vida. Poderia aproveitar também para participar mais ativamente da orientação da carreira de Cari, nossa nova cliente, que tinha passado no teste no Cirque e estava começando um estágio rigoroso, com base no qual os técnicos de lá poderiam avaliar a melhor maneira de encaixá-la na empresa.

– Não sei muito bem o que vou aprender, mas creio que posso descobrir novas formas de ajudar os atletas que representamos aqui.

Tendo citado todos os motivos racionais do meu pedido, peguei fôlego de novo antes de tocar no cerne da questão:

– Alan, eu tenho consciência de que, se não tentar despertar as forças que me atraíram para esta profissão em primeiro lugar, não vou conseguir continuar com esse trabalho por muito mais tempo.

Alan acenou com a cabeça, pensativo.

– Frank, você é um dos nossos profissionais mais competentes há o quê? Doze anos? Se é disso que você precisa para voltar a dar tudo de si, como eu poderia dizer não?

Minha providência seguinte foi ligar para Diane a fim de conversar sobre a minha proposta e, esperava eu, obter a sua bênção:

– Acho que posso aprender muito com o Cirque, posso aprender coisas que vão me ajudar a levar mais clientes nossos para trabalhar com vocês. Mas, para ser muito sincero, Diane, as conseqüências de uma oportunidade dessas para a minha carreira é só um entre vários fatores. Em poucos dias, você e o pessoal do Cirque mudaram a minha vida. Mal consigo imaginar o quanto ainda tenho para aprender sobre risco e trabalho em equipe, paixão e criatividade. Diane, o que estou pedindo – *suplicando*, na verdade – é que você seja minha guia dentro do Cirque. Não por alguns dias, mas por algumas semanas... gostaria que você me ajudasse a ver como os seus funcionários trabalham, como treinam, para eu entender melhor como é fazer parte dessa família. Você já abriu tantas portas para mim; será que poderia abrir mais algumas?

Diane permaneceu em silêncio por um instante. Durante essa pausa, que me pareceu interminável, senti o coração apertar. O que me passou pela cabeça? Como eu tivera coragem de fazer um pedido daqueles? *Bom*, pensei, *agora Inês é morta; tudo o que me resta é esperar para ver o que acontece.*

– Tudo bem – ela decidiu por fim. – Mas tem uma coisa que eu preciso esclarecer: não vou poder ser sua guia. No Cirque du Soleil – como na vida, aliás – você vai ter muitos guias. Cada pessoa que chega no Cirque, seja para participar de um espetáculo, seja para treinar e trabalhar, vive uma jornada única. Não existe uma receita para a criatividade; o que você vai vivenciar ou o que vai tirar dessa experiência, não tenho como saber. E não vai ser moleza, não vai ser nada fácil; você vai ter as suas obrigações. Só conversar com os nossos artistas e demais funcionários não basta.

– Como assim?

– Até agora você só arranhou a superfície do que fazemos aqui. Você ainda tem de entender todo o esforço envolvido no nosso treinamento. Se vier para o Cirque, terá de se dispor a experimentar uma imersão total. Em vez de ser um mero espectador, terá de participar. Terá de passar pelas mesmas provas e enfrentar as mesmas dificuldades que todos os nossos artistas encaram, antes de se tornarem membros plenos do Cirque du Soleil.

Minutos depois, já estava tudo acertado. Eu me hospedaria no alojamento dos artistas durante três semanas e percorreria todas as etapas do estágio do Cirque, ainda que em formato condensado. Como Diane deixou claro, nunca antes o Cirque abrira as suas portas para alguém que não fosse um candidato a participar do seu elenco. Percebi que ela estava se expondo ainda mais ao risco do que eu; não havia palavras capazes de expressar a minha gratidão. Era uma oportunidade única. No entanto, o que tornou tudo ainda mais gratificante foi o fato de que eu havia me aventurado em território desconhecido – e as pessoas com quem compartilhei minha idéia maluca receberam-na não com desprezo, mas com simpatia. Quando finalmente damos uma chance aos nossos sonhos, nunca se sabe o que pode acontecer.

Polinização cruzada

Ao cabo de um mês de exercícios intensivos, a fim de me colocar em forma para o meu estágio, voltei a Montreal para a minha primeira semana de vida circense. Cheguei num domingo à noite ao alojamento dos artistas, onde Ann, secretária de Diane, me levou até o meu quarto – e me aconselhou a dormir cedo, pois teria um dia cheio pela frente.

Depois de desfazer as malas, fui conferir o frigobar – bem abastecido de frutas frescas –, o crachá do Cirque e a programação da minha temporada ali. Não reconheci o nome de nenhum dos técnicos, instrutores ou diretores da lista, e fiquei impressionado com a grande variedade de pessoas com quem me encontraria, desde diretores de criação até palhaços. Como Diane tinha prometido, havia também uma lista assustadora de atividades – entre elas, o treinamento naqueles trapézios elásticos que eu vira na minha primeira visita. Apesar do frio na boca do estômago, concluí que era melhor tratar de ir dormir.

Acordei na manhã seguinte com um Sol radiante entrando pela janela do meu quarto. Meu primeiro compromisso do dia era com um dos membros-fundadores da equipe de treinadores do Cirque, Bernard Lavallard.

Encontramo-nos na lanchonete às nove da manhã. Dá para imaginar um franco-canadense hippie de meia-idade? É ele. Bernard estava de boina, óculos redondos pequenos como os de John Lennon e ostentava um longo cavanhaque todo entremeado de fios brancos. Contou-me que havia se dedicado com afinco à ginástica olímpica nos anos 60.

– Meus aparelhos eram as argolas e o cavalo. Meu entusiasmo era imenso. Eu tinha o cabelo raspado feito um soldado, sabe como é? Se você visse uma foto minha na época, duvido que me reconheceria hoje. Bom, mas também estou velho, não é? – concluiu, rindo.

Se ele estava velho, não parecia. Aquele corpo forte e magro ainda parecia capaz de exibir as mesmas habilidades que dominava quarenta anos antes.

– No final dos anos 60, abandonei a vida esportiva para virar palhaço! – contou, rindo de si mesmo. – Meu pai ficou danado! Mas era o que eu queria fazer. Era o espírito daquela época. Aí, conheci os fundadores do Cirque – claro, isso foi anos antes de a trupe nascer oficialmente –, que eram iguaizinhos, de cabeça aberta e espírito livre. Mas eram também muito dedicados e disciplinados – e tinham um sonho. Queriam criar algo especial, grande, novo. E a energia deles era contagiante!

O Cirque precisava de um técnico de ginástica, explicou Bernard, para proporcionar uma maior intensidade, entusiasmo e precisão às suas apresentações.

– A gente não queria ficar nos exercícios de solo. Queríamos o inusitado, o inimaginável! Para isso, tínhamos de fazer inovações que mais ninguém estivesse tentando.

Foi fundamental que ele e os demais fundadores tivessem o mesmo sonho em comum – ainda que nem sempre concordassem com relação a como concretizá-lo. Ele sorriu:

– Ih, a gente discutia por causa de quase tudo. Como seria o figurino, que atletas contratar, se deveriam virar à esquerda ou à direita, se íamos usar um refletor ou um holofote. Mas a questão é justamente essa: nós conversávamos sobre tudo. A primeira idéia que nos vinha à cabeça nunca era a última. E as idéias evoluíam, combinavam-se com outras, até ficarem mais originais, mais criativas. Aí, quando ficava pronto, nunca dava para saber de quem tinha sido a idéia – mas, também, pouco importava.

A princípio, prosseguiu Bernard, os criadores estudaram outros circos. Depois, pediram aos artistas que fizessem o mesmo. Com o tempo, todos os membros do Cirque estavam utilizando todas as influências externas possíveis, de praticamente todos os campos da atividade humana – pintura, cinema, música, o que fosse. Essa espécie de polinização cruzada, comparou Bernard, era um dos segredos do extraordinário frescor e vitalidade do Cirque.

– Não sei dizer como é que a mente humana funciona. Não sei nem como a minha mente funciona! Depois de todos esses anos, depois de todos esses espetáculos, continuo sem saber de onde vêm as idéias. Às vezes, elas aparecem na minha cabeça nos momentos mais estranhos, de estalo, do nada! Em outras vezes, as associações não fazem o menor sentido – como quando eu acordei às quatro da manhã com uma idéia para um novo número de acrobacia, inspirado numa banda brasileira que eu tinha visto na noite anterior.

Eu sabia que a inspiração de muitos artistas vem de idéias e acontecimentos totalmente desvinculados do seu campo de atuação – e fiquei impressionado com o quanto eu tinha me isolado na minha própria vida, o quanto eu havia cortado o contato com interesses externos, que poderiam ampliar os limites do meu pensamento.

– E como vocês transformam essas idéias aleatórias num número?

– Com prazos! – ele riu. – Claro que eles sempre são apertados, mas, sem eles, a mente perde o foco. O prazo, por outro lado, faz com que a mente, em pânico, comece a produzir idéias malucas que nunca viriam à tona de outro modo. Se você tem dois dias para criar uma transição de um número de trapézio para o trampolim, você vai pensar em algo!

– A maioria das pessoas detesta prazos. Nunca parei para pensar que uma limitação pudesse ser algo positivo. E o que mais atrapalha vocês?

– Papelada! – exclamou ele agitando o punho, simulando irritação. – É um tremendo obstáculo para nós. Estamos crescendo tão rápido que parece que sempre precisamos de mais umas regrinhas aqui, mais um pouco de papel ali. Afinal, temos três mil pessoas trabalhando aqui agora. Mas também precisamos ter muito cuidado, pois cada novo nível gerencial, cada nova regra ou formulário atrapalha. Eles acabam com a mágica, cortam a eletricidade da inspiração. Com restrições em excesso, você pára de pensar no que *pode* fazer e começa a pensar no que *não dá* para fazer. Picasso não pediu a autorização do departamento jurídico para começar a pintar a *Guernica*, não é?

Com os olhos do público

Despedi-me de Bernard e fiquei pensando em tudo que havia me dito. O compartilhamento constante de idéias. Como o propósito inicial nunca era a versão final. A importância dos prazos. E algo que calou fundo para mim – o perigo da burocracia. No ano anterior, havíamos perdido alguns clientes promissores para uma nova agência que parecia incansável e volta e meia se antecipava a nós. Será que estávamos lentos demais? Talvez prazos mais apertados nos ajudassem a ser mais criativos. Será que tínhamos ficado rígidos demais, tão enterrados na papelada que não conseguíamos mais sair dos velhos lugares-comuns?

Seguindo o meu programa, desci por uma escada até o cubículo que abrigava o escritório de uma das diretoras artísticas do Cirque, Charina, uma espanhola de pele azeitonada e cabelos negros longos e lisos.

– Não repare na bagunça! – ela exclamou, afastando pilhas de desenhos, fotos de revista e plantas baixas para abrir espaço na mesa. – Estamos no meio da criação de um novo espetáculo. O processo às vezes é caótico!

Embora tivesse já seus trinta e muitos ou quarenta e poucos anos, ela exalava a energia de uma adolescente. Como diretora artística de dois espetáculos, um dos seus maiores desafios era manter o seu pessoal vivo artisticamente, explicou.

– Um dos espetáculos com que eu trabalhava era uma produção itinerante, que permanecia em cada cidade por alguns meses, com seis apresentações por semana. O outro era um show residente, com dez sessões por semana, duas por noite! Em qualquer temporada, a pergunta que eu sempre me faço é: Como manter o frescor do elenco, mesmo depois de fazerem a mesma apresentação mil vezes?

– E como vocês conseguem? – Claro que o que o pessoal do Cirque fazia era infinitamente mais empolgante do que o meu trabalho, por exemplo, mas mesmo ali devia haver o perigo de se cair na mesmice.

– Para começar, tenho que dar duro exatamente como exijo deles. Não dá para enganá-los. Houve um diretor que ia até os bastidores depois do espetáculo e dizia "Muito bem!", mas os artistas sabiam que ele não havia assistido de verdade, que havia entrado pelos fundos do teatro faltando cinco minutos para o fim da sessão. Pode parecer bobagem, mas para os artistas é importante. Assim, ele acabou perdendo a credibilidade junto a eles, e quando pedia para se empenharem e se dedicarem mais, ninguém lhe dava ouvidos. Pode acreditar: neste ramo – como em todos os outros – ninguém vai trabalhar mais que o patrão. Por isso, tomei a decisão de estar presente em todos os espetáculos. Se eles têm de ir, eu também tenho.

Assenti com a cabeça. Um dos motivos por que continuei no emprego por tanto tempo depois de haver perdido o interesse foi Alan, o nosso presidente. Era o primeiro a chegar e o último a sair, e continuava demonstrando uma paixão pelo trabalho difícil de igualar. Mesmo me alimentando do seu entusiasmo, nunca parei para pensar em como poderia fazer o mesmo pelos outros.

– Minha segunda providência é entregar para eles, depois de cada espetáculo, algumas anotações sobre detalhes que tenham chamado a minha atenção – o que deu certo, o que não deu, o que está melhorando. Assim, eles sabem que estou prestando atenção e sentem que seu trabalho foi reconhecido. Aprendi também a não fazer só críticas negativas. Senão, depois de um tempo, a cada anotação que você entregar, tudo o que eles vão fazer é grunhir. É fundamental também ser positivo.

Dito isso, ela acrescentou:

– Mas a melhor atitude é ajudá-los a ver o seu trabalho com os olhos do público. Sempre que alguém não vai participar do espetáculo daquela noite, seja por alguma lesão ou apenas porque precisa de uma noite de folga, eu lhe dou um ingresso para que possa ver o que os espectadores vêem todas as noites. Fiquei surpreso ao descobrir que a maioria deles nunca assistiu aos shows da platéia. Alguns nunca chegaram sequer a assistir ao show inteiro, nem dos bastidores!

– Assistindo ao espetáculo da platéia, eles descobrem como é bonito – prosseguiu. – O artista senta ao lado de uma senhora que está vendo o show pela primeira vez e entende por que ela está aos prantos no final da apresentação. Finalmente vêem aquilo pelo qual estão trabalhando – por que estão suando, treinando e ensaiando com tanto empenho. Antes disso, só se preocupam com o seu próprio número, com o seu papel; não percebem que é o conjunto – o espetáculo como um todo, com todas as partes que o compõem – que é tão emocionante. Uma noite na platéia é capaz de transformar os próprios artistas.

Charina concluiu:

– Aqui em Montreal é a mesma coisa. Se os cozinheiros, gerentes, recepcionistas não descem para assistir a um ensaio de vez em quando, acabam esquecendo pelo que estão trabalhando. Perdem a ligação com o produto final – o que, na minha opinião, seria a morte certa num ambiente criativo como este. É aí que a coisa toda vira um emprego como outro qualquer. Você pode ser só um contador – mas é contador do Cirque du Soleil. Você e o seu trabalho são especiais!

Não era difícil perceber que aquelas idéias podiam ser aplicadas a qualquer empresa. Se você não entende qual é o seu papel, de onde vai tirar entusiasmo pelo que faz?

Nada de concessões

Meu compromisso seguinte era no estúdio de treinamento, onde eu aprenderia a arte do trapézio elástico. Antes que me deixassem experimentar, porém, eu precisaria passar por uma bateria de testes físicos básicos.

Eu já estivera no estúdio antes, mas dessa vez estava ali como participante, não como observador – e senti uma pontada de nervosismo, igual à que Cari devia ter sentido durante o seu teste.

Vesti a minha malha e entrei no estúdio para dar uma olhada. No alto, dentro de uma rede amarrada nas vigas do teto, havia uma coleção de enormes bolas coloridas de plástico, e uma corda pendurada que vinha até o chão. À minha frente, deparei-me com um sujeito com uma prancheta na mão, ao lado de uma esteira.

Ivan Mikhailov, eu descobriria depois, tinha pós-graduação em nutrição e fisiologia, e parecia mesmo – com sua expressão erudita e a barba *à la* Sigmund Freud. O meu treinamento, explicou ele, começaria por uma avaliação cardiovascular: eu teria de correr dezoito minutos na esteira. Não parecia tão difícil assim; só comecei a ficar meio apreensivo quando Ivan amarrou um monitor cardíaco em volta do meu peito.

A esteira começou num ritmo tranqüilo, que não tive dificuldade em acompanhar. Meu pulso se manteve em torno dos 58 batimentos por minuto. "Muito bom", ele elogiou, sem tirar os olhos do monitor. Depois de três minutos, porém, ele aumentou a velocidade e o ângulo da esteira – e, quando cheguei à marca dos nove minutos, estava começando a sentir minhas pernas e meus pulmões.

Durante os seis minutos seguintes, Ivan foi aumentando pouco a pouco a velocidade e o ângulo, levando-me até o meu limite. Meu pulso estava em 166 e minha cabeça parecia estar pegando fogo. Por mais rápido que eu respirasse, o ar nunca parecia suficiente. Eu mal conseguia me manter na esteira, equilibrando-me por um fio. Percebendo a minha exaustão, Ivan colocou a mão esquerda perto da minha lombar, a fim de evitar que eu saísse voando e fosse aterrissar nas mesas atrás de mim.

– Só mais um minuto e meio, Frank – avisou Ivan, numa rara nota de encorajamento. Se as conversas tão surpreendentemente sinceras que eu tivera ao longo daquela manhã sobre como fomentar uma cultura de criatividade haviam me aberto para novas idéias, a intensidade da esteira estava derrubando todas as minhas máscaras. Eu já não estava mais preocupado com a minha aparência nem com o que Ivan ou qualquer outro estava pensando a meu respeito. Só estava me matando para ir até o fim. Estava esgotado, mas faltava tão pouco que eu não ia desistir de jeito nenhum.

– Três... dois... um... Acabou! Segure nas barras até a esteira parar.

Eu podia não ter batido nenhum recorde, mas pelo menos tinha passado na primeira prova.

Já não posso afirmar o mesmo dos exercícios que se seguiram. Na barra, obedecendo às mesmas instruções que todos os artistas do Cirque tinham de seguir, não consegui me erguer mais que meio queixo – o suficiente para tirar os pés do chão, nada mais. Na corda, saí-me ainda pior. Pendurei-me nela, jogando furiosamente uma das mãos por cima da outra sem parar, até que olhei para cima e vi que a distância entre mim e o teto continuava igual.

– Tudo bem – disse Ivan –, então a corda não é a sua praia.

Como se fosse aquela a sua deixa, Olga, uma acrobata russa de dezoito anos, agarrou então a corda e, usando apenas as mãos, com as pernas abertas num V perfeito paralelo ao chão, foi até o alto – para em seguida descer bem devagar, usando apenas uma das mãos de cada vez. Fiquei arrasado, como se tivesse sido o último garoto escolhido para um jogo de futebol.

– Eu tinha mais algumas atividades planejadas, mas creio que você já fez bastante por hoje.

Juntei as minhas coisas, peguei os restos da minha dignidade destroçada, e fui para o chuveiro.

– Nada disso – Ivan sacudiu a cabeça. – Não dá tempo. A Diane disse que você tem hora com o René, lá na grade.

Fiquei em dúvida se eu ia gostar daquilo ou não.

Peguei o elevador até o sexto andar, onde René estava me esperando. Estava de rabo-de-cavalo, camiseta e jeans pretos, e pesadas botas pretas de trabalho.

– E aí, Frank, está pronto?!

Ainda ofegante da minha tentativa frustrada na corda, tudo o que consegui foi acenar com a cabeça.

René fez um gesto de *Vem comigo!*, e atravessamos um pequeno corredor que levava a uma grade de cabos de alta tensão, posicionados a uns dez centímetros de distância uns dos outros e que cederam um pouco quando pisei timidamente neles. Aos nossos pés estendiam-se seis andares de ar e, lá embaixo, um imenso e duro chão pontilhado do que pareciam pessoas e objetos de brinquedo.

– Espero que você não tenha medo de altura!

Retribuí seu sorriso.

– Não – e era verdade. Em geral, não tenho problemas com altura. – Só tenho medo de uma morte prematura e desagradável.

– Ah, mas não precisa se preocupar! – Ele deu uns pulinhos na grade, fazendo-a oscilar um pouco para cima e para baixo. – Está vendo? É perfeitamente segura. Pode confiar em mim.

Não fiquei exatamente tranqüilo. Logo, porém, havíamos caído na rotina confortável em que René falava e eu ouvia.

– A maioria dos nossos contra-regras aprendeu técnicas de construção, soldagem ou algo similar antes de enveredar por este campo de trabalho. Demora um pouco para um novo funcionário entender o funcionamento do circo, e o funcionamento do Cirque. Exigimos certo grau de perícia dos nossos contratados, mas eles também têm de desenvolver um determinado modo de pensar. Quem for só um ótimo soldador não vai durar aqui. Não é só o conhecimento técnico que a gente quer, é a sensibilidade artística que nos permite criar equipamentos em perfeita sintonia com o espetáculo.

– Você quer dizer um meio-termo entre a segurança e a arte?

– Não! Muito pelo contrário! Esse é o equívoco mais comum das pessoas em relação ao que nós fazemos. Não pode haver a MENOR concessão com relação à segurança, nem a MENOR concessão com relação à aparência. Precisamos de 100% de segurança o tempo todo, e de 100% de estética. É isso que torna tudo tão desafiador, é o que nos obriga a sermos criativos: nada de concessões!

Ele apontou para aquela atividade toda que se desenrolava a quase vinte metros abaixo de nós:

– Olha só isso... Se a ordem fosse para sermos só artísticos, seria fácil! Era só colocar os artistas para voarem pelo palco sem equipamento de segurança, atirá-los de canhões, e seria divertidíssimo – até alguém se machucar, ou algo pior. E se nos dissessem apenas para zelarmos pela segurança, seria fácil também: bastaria meter todo mundo em camisas-de-força, enfiar um capacete na cabeça de cada um e proibi-los terminantemente de sair do chão. Só não seria muito interessante de se assistir... A dificuldade é justamente essa: aqui, os artistas precisam ter condições de executar os truques mais inacreditáveis do mundo, mas sem se colocarem em perigo jamais. É *isso* que nos obriga a sermos criativos, a encontrar novas formas de não perder de vista nenhum dos dois aspectos.

Ele então reconheceu:

– É justamente essa cilada, essa contradição, que me inspira. Por exemplo, no "O", o nosso show aquático em Las Vegas, temos 5,6 milhões de litros de água num tanque, que se mexe e muda de forma o tempo todo. Acima dele, tínhamos de construir um aparato para os artistas se balançarem e de onde pudessem saltar – quase como uma selva de trapézios e barras paralelas – a apenas vinte metros de altura! Mas não dava para criar uma armação de metal qualquer, grande e desajeitada. O público não ia gostar. Então, tratamos de pôr mãos à obra. Nossa idéia era que tudo devia ser integrado ao espetáculo, e *nada* era impossível. A estrutura precisava ser muito leve – usamos quinze tipos de metais diferentes na construção – e ao mesmo tempo bem forte, capaz de suportar com folga uma dúzia de artistas aplicando toda a sua força sobre ela. Além disso, precisava ser integrada ao tema aquático do espetáculo e ser bonita, mas sem chamar mais atenção que o próprio elenco. Experimentamos um monte de idéias diferentes até chegarmos àquela que funcionou: fizemos toda essa parafernália ficar parecendo um barco flutuando no ar – ele chega a adernar para frente e para trás quando o pessoal se balança nele. Primeiro é preciso acertar toda a mecânica, depois toda a estética, de modo que deixe de ser uma máquina apenas e se torne um ambiente capaz de apoiar e alimentar a apresentação dos artistas.

– Eu nunca tinha me dado conta – consegui dizer por fim – de todo o trabalho envolvido nesses projetos.

– Que bom! O que nós queremos não é sermos os astros do show, mas que vocês *se divirtam*. Se ninguém percebe que tem um aparato de três milhões de dólares, que levamos dois anos para aprimorar, pendurado sobre a sua cabeça, é porque o nosso trabalho ficou bem-feito.

E acrescentou, ajoelhando-se na grade e pegando dois dos cabos sobre os quais estávamos:

– É como isto aqui: por um lado, a gente precisa estar seguro – e puxou um dos cabos mais para dentro, diminuindo o tamanho do quadrado –, e, por outro, tem o aspecto artístico – e empurrou o cabo paralelo mais para dentro também. – Além disso, o equipamento tem de estar todo integrado ao espetáculo – puxou o terceiro lado – e tudo tem de ser feito de modo que ninguém repare muito – e levou o quarto e último lado mais para dentro. – Com isso, ficamos com um alvo muito menor, de modo que é preciso encontrar novas maneiras para atender a todos os quatro pré-requisitos.

Depois que René mexeu nos cabos, fiquei cercado de buracos maiores, que ladeavam o quadradinho criado por ele – a meros trinta ou sessenta centímetros de onde eu estava.

– Eu... Eu não sabia que esses cabos podiam abrir tanto – comentei, agarrando-me a uma trave vertical com a mão direita.

– Ah, abrem, sim, Frank, olha só isto! – e começou a aumentar o seu quadradinho até abrir um buraco de 1,20 metro na grade, com espaço de sobra para eu mergulhar para a morte. – Na verdade, dá para fazer quadrados de até 1,80 metro de lado, de modo que podemos içar objetos grandes do chão até aqui, ou descê-los daqui para o chão. É mais um bom exemplo de criação de algo novo. Esta "plataforma" de cabos é forte o bastante para agüentar até vinte toneladas de peso, mas não pesa praticamente nada e ainda tem uma flexibilidade extraordinária! – o que ele tratou de comprovar dando pulos sobre a grade. Tratei de agarrar a trave com as duas mãos.

– Pode acreditar em mim, Frank, você não está correndo risco nenhum. Esta plataforma pode te sustentar sem problemas. Se dá para a gente estacionar um carro aqui em cima, dá para estacionar você também! Talvez esteja na hora de te mostrar a nossa oficina.

Foi andando pela grade em direção ao elevador, enquanto continuava:

– Temos uma grande liberdade para pensarmos praticamente tudo o que quisermos, mas também temos uma enorme responsabilidade. Ninguém precisa dizer para a gente se preocupar com a questão da segurança porque sabemos, com onze espetáculos em cartaz pelo mundo todo, que a vida de muitas pessoas depende do nosso trabalho 24 horas por dia, 7 dias por semana. Não é pouco. Não podemos deixar que nada aconteça a eles, nunca.

– Com setecentos artistas voando pelos ares quase todos os dias – perguntei, caminhando atrás dele pela grade flexível –, deve haver uns incidentes de vez em quando, não?

– Incidentes, sim. De vez em quando, mas é bastante raro. Realmente, às vezes alguém se machuca, porque afinal são atletas executando movimentos acrobáticos difíceis todos os dias. Mas não pode ser nunca por causa do nosso trabalho. Quando há um acidente qualquer – e já aconteceram alguns, mas apenas alguns – tratamos de conduzir imediatamente uma investigação minuciosa. Até hoje, quase sempre o que houve foi uma falha humana, como um cinto de segurança mal fixado ou um erro nos procedimentos; em pouquíssimos casos o problema foi nos equipamentos.

– Então a culpa não foi de vocês.

– Não! *Ainda assim* a culpa foi nossa, porque significa que o projeto não foi simples o suficiente, ou o treinamento que fizemos com o artista não foi bom o bastante, ou não salientamos o necessário a importância de verificar várias vezes a situação do cinto de segurança.

Não podemos nos dar ao *luxo* de colocar a culpa no artista. Seria fácil demais; acabaríamos ficando relaxados, se soubéssemos que sempre poderíamos colocar a culpa em alguém. Se algo der errado, quer dizer que talvez não tenhamos fornecido o sistema mais adequado.

E acrescentou:

– Como as nossas criações têm de estar integradas ao trabalho dos diretores, artistas e pessoal da iluminação, também somos responsáveis pelos espetáculos. O nosso trabalho é uma questão de vida ou morte. Não podemos nos limitar a jogar a responsabilidade para outro departamento. No projeto dos nossos equipamentos, não podemos esquecer de que os acrobatas, por mais gabaritados que sejam, não são técnicos. O uso do material tem de ser simples, fácil e consistente. Para isso, é preciso conhecer o nosso pessoal e toda a psicologia envolvida no processo.

– Que tipo de acompanhamento vocês fazem para verificar se está tudo correndo bem?

– Temos contra-regras em todas as apresentações, em tempo integral, olhando tudo, testando tudo e testando tudo de novo. Se somos nós os responsáveis, temos de estar lá. De vez em quando eu subo no barco voador de "O", no balanço russo de *Saltimbanco*, no palco móvel de KÀ. Precisamos encontrar novas maneiras de testar os nossos sistemas, de conferirmos se não estamos negligenciando nada. Mas, de qualquer forma, os nossos instrumentos mais importantes continuam sendo os nossos sentidos: nossos olhos, nossos ouvidos, nossa intuição. Você viu KÀ, não foi?

– Vi, foi o único a que assisti ao vivo. Fiquei muito impressionado!

– Que bom – o objetivo é impressionar mesmo. Lembra da barraca no alto do penhasco, que vira uma ave mecânica?

– Nem dava para esquecer. Foi uma das cenas mais inspiradoras do espetáculo.

René sorriu. Não era um sujeito orgulhoso, mas tinha um claro orgulho do seu trabalho.

– Pois bem: eu estive lá alguns meses atrás para um ensaio e, na hora que o pássaro levantou vôo, a quase vinte metros de altura, com a música tocando, escutei um estalo. Os outros disseram que não tinham ouvido nada, mas, confiando na minha intuição, mandei parar tudo, o ensaio, a música, o diretor, e descer o pássaro até o palco. A estrutura que construímos para ele é toda aço sobre aço, náilon sobre náilon. Quando está tudo bem, a vibração é perfeita – e aquele barulho não era normal. Já quando tem algo fora dos eixos – quer dizer, a ponto de quebrar – geralmente o barulho sai diferente, a vibração muda. Com a ave no chão, mandei outro contra-regra subir até lá em cima para conferir a polia e não deu outra: estava rachada.

René, então, concluiu:

– Esse diagnóstico não foi uma questão de engenharia, mas de intuição. Se a gente se limitasse a basear as nossas inspeções no que está escrito nos manuais, escaparia muita coisa. A nossa criatividade, na contra-regragem, não é a mesma dos diretores e cenógrafos, mas se não injetássemos uma boa dose de imaginação no nosso trabalho, se trabalhássemos feito autômatos, nossos artistas ficariam em perigo. E, aqui, a gente pode usar e abusar da imaginação! Quando fiz os primeiros esboços daquele pássaro, ninguém veio me dizer que era complicado ou maluco demais. Tive total liberdade para construí-lo tal como eu imaginava que ele iria funcionar melhor. Aí, na hora de consertá-lo, naquele dia, ninguém falou que eu não tinha autoridade para tanto.

A responsabilidade que pesava sobre os ombros de René me pareceu aterradora. Se eu pisasse na bola na minha profissão, no máximo acabaria dando trabalho para alguns advogados – mas não ia sair ninguém ferido ou morto. Eu estava vendo a importância de se confiar na intuição de vez em quando, fosse em que área de atuação fosse. Como René havia ressaltado, ninguém é autômato. Quando caímos na rotina, deixamos de utilizar todos os nossos sentidos, todos os nossos instintos, a nossa atenção completa naquilo que fazemos – e são exatamente essas as nossas maiores qualidades, principalmente à medida que os anos de experiência vão se acumulando.

Alguns meses antes, eu havia tentado convencer um dos meus clientes, um jovem astro do basquete, a participar de um jogo de exibição para a televisão, que estaria coalhado de celebridades e seria regiamente pago, em vez de ir trabalhar como voluntário numa colônia de férias para crianças pobres, que ele mesmo havia freqüentado em criança. "Pense só em todo o bem que você pode fazer com o dinheiro que ganha numa semana de trabalho", tentei argumentar. "Você pode fundar dez colônias dessas com o que eles vão te pagar." Entretanto, lá no fundo eu sabia, no exato momento em que pronunciava essas palavras, que não era só ao meu cliente que eu estava tentando convencer, mas a mim mesmo também – tudo graças à promessa de uma polpuda comissão. Mesmo assim, mandei a vozinha da minha consciência, que me sussurrava que o que eu estava fazendo não estava certo, calar a boca – e, no fim das contas, acabei não enganando nenhum de nós dois. Nunca vou me esquecer do que ele falou então: "Claro que você só podia pensar assim. Graças a Deus, eu sou diferente." Foi embora e, no dia seguinte, rescindiu seu contrato com a agência e assinou com os nossos maiores rivais. Eu tinha traído a sua confiança, e ele sabia disso. No caso de René, falhas desse tipo não seriam toleradas.

– Com tamanha responsabilidade, como você consegue dormir à noite?

– Se eu fiz o meu trabalho direito, e o meu pessoal também, durmo muito bem. Para relaxar, faço vôo livre.

Fiquei estupefato.

– Vôo livre?! Para mim, não parece nada relaxante!

– Ora, pense bem. Se eu ficar jogando cartas, vou começar a pensar em cada parafuso, em cada porca que eu tiver apertado no trabalho aquele dia. Mas, se eu for saltar de um penhasco a três mil metros de altura, não vou ter como ficar pensando em mais nada, vou? O mundo lá embaixo simplesmente desaparece.

O medo do sucesso

Depois de me despedir de René, fui para o vestiário, com a cabeça fervilhando com tudo o que ouvira ao longo do dia. Fiquei feliz por meu próximo compromisso envolver uma atividade física; finalmente, algo que me ajudaria a parar de pensar em certas decisões que eu havia tomado no trabalho e que estavam me amolando. René tinha toda a razão: atividades físicas, mesmo as mais arriscadas, operavam maravilhas tanto na mente quanto no corpo. Na faculdade, eu tinha o hábito de ir nadar sempre que estava preocupado. Depois que me formei, no entanto, fiz apenas algumas tentativas desanimadas de voltar às piscinas. Sem o estímulo dos torneios, não era a mesma coisa. O mês que passei me preparando para a minha temporada no Cirque serviu para me lembrar de como eu me sentia energizado depois de um bom exercício.

Quando entrei no vestiário, deparei-me com um cabide com o meu nome – para em seguida ver o que estava pendurado nele: um *collant* de *lycra* estampado com losangos de arlequim. Como eu ia enfiar o meu corpo de meia-idade dentro daquilo?

Ao fim de alguns momentos de espreme daqui, aperta de lá, consegui vestir o maiô. Entrei muito embaraçado no estúdio e fui me apresentar à minha instrutora de trapézio elástico, a animada Tatiana.

Sua calça colante de malha preta e a camiseta *tie-dye** azul e branca revelavam o bastante do seu abdômen para me lembrar o quanto eu estava fora de forma.

– Oi, Frank! – Seu sorriso de cem watts era radiante. Ela foi direto ao ponto: – Metade das pessoas que tentam isto aqui não conseguem nem alcançar aquela barra lá – e apontou um trapézio branco que pendia da grade do teto, parecida com aquela em que eu acabara de dar o meu passeio com René. – E, desses, nem a metade consegue girar por sobre a barra e sentar em cima dela. Agora, *você* vai conseguir! Certo?

– Aah, claro – respondi, irradiando toda a confiança de um guri de quatorze anos que convida pela primeira vez uma garota para sair.

– Então, ao trabalho! Vamos lá, Frank!

Ela me conduziu para uma sala de treinamento contígua, onde um trapézio maior de metal pendia a uns 2,5 metros, se tanto, do chão.

– Agora, pendure-se naquela barra.

Hesitei. Tenho só 1,70 metro de altura, e a minha impulsão mal dá para eu saltar uma caixinha de fósforos no chão – e isso nos meus melhores dias. Mas lá estava a Tatiana na minha frente, com as mãos na cintura e uma expressão de expectativa no rosto. Como eu poderia decepcioná-la? Agachei-me um pouco para dar impulso e pulei o mais alto que consegui e alcancei a barra. Por pouco, mas alcancei – uma pequena vitória.

– Muito bom. Agora que você agarrou o trapézio, é só balançar as pernas para a frente e para trás, até firmar o pé na barra. A partir daí,

**Nota da Editora:* Método tradicional e muito simples de tingir tecidos que são amarrados com elásticos e imersos em tinta. Assim essa técnica não possibilita a obtenção de imagens com contornos definidos, apenas desenhos simples e irregulares, com efeito "manchado".

fica fácil: tudo o que você precisa fazer é passar as pernas por cima da barra, encaixá-la atrás dos seus joelhos, segurar nas cordas e se puxar para cima.

Com a ajuda dela, consegui subir no trapézio e ficar sentado nele, os olhos fixos no chão a mais de dois metros de distância.

– Ótimo, já chega. Quero poupar os seus braços para o desafio de verdade.

Será que o Ivan havia conversado com ela sobre meu desempenho desenxabido na corda?

Quando voltamos para o estúdio principal, olhei para cima e, de repente, achei que o trapézio parecia estar bem mais alto e bem menor do que apenas alguns minutos antes. René estava me esperando para prender o cinto de segurança em mim. Apertou a fivela um ou dois buracos além do que eu gostaria, espremendo toda a gordura que me sobrava na barriga. Àquela altura, porém, depois das minhas sessões de condicionamento, eu já havia abandonado minhas eventuais pretensões de vaidade. Cheguei à conclusão de que, para alçar vôo, é preciso abrir mão de todo e qualquer traço de vergonha ou timidez pessoal.

Em seguida, prenderam com mosquetões quatro ou cinco cordas elásticas às alças do meu equipamento de segurança e me içaram por uma outra corda, presa numa polia.

– *Bon voyage*, François! – disse René.

Ao chegar a uns 7,5 metros de altura – o que pode não parecer muito, até ser você que está pendurado dessa altura, sem nada entre o seu corpo e o chão –, vi que todos os artistas que estavam ensaiando no estúdio haviam parado para olhar para mim. Quanto mais alto eu subia, porém, menores eles iam ficando – e, antes que desse para eu me dar conta do meu constrangimento, eles já estavam longe demais para serem objeto das minhas preocupações.

– Agora, Frank – instou-me Tatiana –, você tem que balançar para cima e para baixo, até alcançar o trapézio! Puxe os elásticos, encoste os joelhos no peito... Isso, assim!

Comecei a subir e descer um metro, depois um e meio, depois três – até a sensação de falta de peso aumentar, acompanhada da impressão desconcertante de não ter nada me prendendo, de estar apenas flutuando e voando pelo ar. As minhas mãos estavam coladas aos elásticos com força suficiente para as juntas dos meus dedos ficarem brancas. Quando aumentei os meus "saltos" para quatro metros e meio, depois seis metros, vi que estava me aproximando perigosamente do chão lá embaixo – e chegando cada vez mais perto do trapézio lá em cima.

Eu nunca havia entendido plenamente a expressão "medo do sucesso", até aquele momento. Quanto mais eu me aproximava do trapézio, mais se aproximava também o momento em que Tatiana me mandaria soltar os elásticos e tentar alcançar a barra. Só de pensar nessa perspectiva, meu estômago começava a revirar.

– Só mais três impulsos, Frank, e você consegue!

Nem me atrevia a olhar para cima, nem para baixo, muito satisfeito em limitar-me a olhar para frente. Não sabia ao certo a que distância estava do trapézio, e estava com medo de descobrir.

– Agora, Frank, agora! Pegue a barra! – avisou Tatiana.

Ignorando todos os instintos naturais de sobrevivência do meu corpo, soltei os elásticos, ficando totalmente à mercê do cinto de segurança que René e Tatiana tinham prendido em mim, e estendi os braços em direção à barra, que só entrou no meu campo de visão faltando uma fração de segundo para eu agarrá-la.

Se você algum dia quiser sentir o coração saltar pela boca, experimente tentar se pendurar, a doze metros de altura, num trapézio que simplesmente esteja fora de alcance, de modo que, na fração de segundo seguinte, você esteja despencando – e a sua queda dure o suficiente para você ter tempo de se perguntar se o seu cinto de segurança é mesmo tão seguro quanto o esperado. Depois de despencar dez metros, finalmente senti que os elásticos se retesavam e me puxavam de novo para 7,5 metros de altura, onde fiquei balançando de leve, em segurança.

– Foi por muito pouco, Frank! Desta vez você consegue!

Recomecei o processo todo outra vez, subindo e descendo, puxando os elásticos e levando os joelhos ao peito. Meu ritmo melhorou, bem como a altura que eu atingia a cada puxão.

– Mais três impulsos, Frank! – Tatiana gritou, com todo mundo lá embaixo olhando. – Um! Dois! Três! Agora!

Mais uma vez, porém, não consegui alcançar o trapézio; estava claramente com medo de ultrapassá-lo – ou talvez apenas com medo de agarrá-lo. É impressionante o quanto o desconhecido nos assusta – mesmo quando encerra em si a possibilidade de êxito. Nossa determinação de nos mantermos na nossa zona de conforto é tão grande que aprendemos a conviver até com a decepção, se ela for um terreno familiar em que nos sintamos protegidos. Eu sabia que era essa a lição a extrair daquela sessão de treinamento. Os nossos medos nos retêm e impedem de atingir as nossas metas. Só se nos dispusermos a correr riscos podemos esperar realizar algo extraordinário.

Vi minhas mãos estendidas passarem junto à barra branca, a alguns centímetros apenas do alvo – para em seguida ter início um novo mergulho em queda livre.

– Oooooooh! – exclamou Tatiana, liderando um coro lá embaixo. – Foi bem mais perto dessa vez. Vamos tentar outra coisa para descansar um pouco os seus braços.

Sim, pensei com os meus botões, o Ivan com certeza conversou com ela sobre o meu teste na corda.

Fui seguindo as instruções de Tatiana até conseguir ficar parado lá em cima, a 7,5 metros de altura, para que ela me ensinasse a dar um salto mortal.

– Incline a cabeça e os ombros para a frente, Frank, estenda os braços feito o Super-Homem e chute com as pernas para trás.

Falando parecia fácil, até que me dei conta de que teria de confiar mais uma vez na capacidade do cinto de segurança de desafiar a gravidade. Cheio de hesitação, eu não conseguia impulso suficiente para jogar o corpo para a frente. Contudo, lembrando que estava dois a zero para aquele trapézio e que todo mundo no chão estava na maior torcida, dei um corajoso salto para o desconhecido.

Magicamente, minha cabeça apontou para baixo, minhas pernas rodaram e o meu corpo girou sozinho sobre o próprio eixo. Deu certo! Antes que eu sequer parasse para pensar no que estava fazendo, consegui!

– Isso, Frank!

Tatiana nem precisou me pedir para repetir a dose. Eu estava louco para dar outro mortal, e foi o que eu fiz – mais três vezes.

– Agora, um duplo!

Antes mesmo que ela terminasse a frase, dei uma cambalhota exuberante, com velocidade suficiente para completar duas voltas.

– Que tal ao contrário, agora? – ela me provocou.

Essa era mais complicada. Seria preciso não só soltar os elásticos de novo, o que eu já não tinha mais problemas para fazer, mas também encolher os joelhos e jogar a cabeça *para trás*, num mortal completamente às cegas. Depois de um instante de hesitação, retomei o espírito de aventura que me instigara a saltar para a frente – e *voilà*! Acertei de novo. E outra vez, seguida de um mortal de costas duplo e todo torto. Claro que eu não tinha virado, de uma hora para a outra, nenhum especialista em mortais no elástico – mas havia aprendido a arte de confiar no meu treinador, no meu contrarregra e em mim mesmo.

– E aí, Frank, pronto para tentar subir no trapézio outra vez?

Comecei a balançar para cima e para baixo, me preparando para alcançar o trapézio, antes mesmo de conseguir enunciar uma resposta. Tatiana tinha sido muito inteligente; claro que ela sabia que os saltos mortais aumentariam a minha confiança. Dessa vez eu ia com tudo, e nada ia me segurar. É incrível o que um pouquinho de loucura pode fazer, e eu tinha perdido completamente a cabeça. *Eu não vou pensar na altura*, pensei, *nem no trapézio; vou simplesmente me jogar no balanço, sem vacilar.*

– Mais três impulsos, Frank! Esse foi um!

Dessa vez, eu não ia desistir; aqueles seriam os melhores impulsos da minha vida.

– Isso! Dois!

Puxei com toda a minha força.

– Três! Agora, Frank. Agora!

Ao chegar à altura máxima, quase doze metros do chão, finalmente olhei para cima – e lá estava ele, a menos de um metro dos meus olhos! Estendi a mão e agarrei a barra – contrariando todas as instruções de Tatiana. Mas funcionou! Segurei a barra com a outra mão também e, quando dei por mim, estava pendurado no trapézio! Antes que Tatiana precisasse me lembrar do que eu devia fazer, torci o corpo para cima, a fim de sentar na barra. Comecei a balançar para a frente e para trás feito um colegial, acenando para os meus amigos, que me aplaudiam doze metros abaixo.

Então, chegou a hora da manobra mais assustadora de todas: jogar-me *de costas* do trapézio, a fim de evitar que os elásticos nele se enroscassem. Bom, eu tinha chegado até ali, e estava funcionando tudo muito bem. Balancei para a frente e para trás e contei mentalmente: um, dois, três e... já!

Caí de costas da barra branca, mergulhando de cabeça em direção ao solo, despencando três, seis, nove metros, o chão cada vez mais perto, até que – *tóim!* – o cinto de segurança e os elásticos vieram mais uma vez em meu socorro. Mal tive tempo de processar o que estava acontecendo e já estava balançando confortavelmente na antiga posição, sorrindo para o pessoal lá embaixo. Não tenho palavras para descrever o sentimento de triunfo que me dominava naquele momento.

Só quando me soltaram do cinto de segurança, percebi que estava quase tão suado quanto ao me exercitar na esteira. Estava com a boca seca e a língua pastosa, como se tivesse acabado de lamber a areia do chão de Las Vegas.

– E aí, que tal? – Tatiana veio me perguntar.

– Fabuloso! – respondi, eufórico por haver superado os meus temores e conquistado o trapézio. Lembrava um pouco o modo como eu tinha me sentido quando criei coragem para conversar com Alan e Diane sobre a minha ida ao Cirque. – Quando vou poder subir de novo?

Naquela noite, Diane passou pelo meu quarto para ver se estava tudo bem.

– E então, como você está se sentindo?

– Exausto – confessei –, mas feliz, também. Que dia!

– Estou vendo um brilho de entusiasmo nos seus olhos que eu nunca tinha visto antes. Era esse brilho que eu esperava ver um dia, quando nos conhecemos no KÀ naquele dia. Esse é o poder do circo, da imaginação. E é a essência do Cirque, a mágica que ele opera tanto sobre a platéia quanto sobre os que trabalham aqui. Transformamos o que é insosso e comum em algo especial e memorável, algo capaz de tocar a vida das pessoas. E acredito que temos todos essa capacidade, independentemente do que cada um faça – mas só quando se aplica uma dose das lições que você aprendeu aqui hoje sobre risco, colaboração, confiança.

E me advertiu:

– Você vai ter de se dispor a sair da sua zona de conforto e ir além do que você se julga capaz de fazer. No Cirque du Soleil, usamos os nossos corpos e os nossos espetáculos para isso. Esse foi um dos motivos por que aceitei você aqui. Como ex-atleta, eu sabia que você ia se adaptar – mas claro que ninguém precisa ser atleta ou artista para reinventar a sua vida, seu trabalho ou seu mundo.

Diane então me parabenizou pelo primeiro dia bem-sucedido, e arrematou com um conselho:

– Agora, trate de descansar. Você vai precisar de bastante energia amanhã.

Capítulo cinco

Sob a Superfície

Erre mesmo, com vontade

Quando acordei na manhã seguinte, levei alguns momentos para lembrar onde eu estava, mas meus músculos e articulações doloridos logo trataram de me localizar. Eu tinha acabado de me vestir, depois de um banho quente bem demorado, quando vieram bater à porta. Era Cari, com um sorriso entusiasmado; contou-me que pretendia usar seu dia de folga para me acompanhar nas minhas provas de fogo pelo Cirque du Soleil. Fiquei entre lisonjeado e embaraçado, pensando que, nos últimos anos, eu não vinha apoiando meus próprios clientes daquele jeito.

– E então, preparado?

Dei de ombros:

– Isso nós vamos descobrir.

Diane tinha marcado para mim um encontro com o chefe do departamento de maquiagem do Cirque du Soleil. A princípio, torci o nariz diante da perspectiva de enfrentar uma sessão de três horas de maquiagem. Afinal, se eu não ia integrar o elenco de nenhum espetáculo, para que aquilo? Diane explicou que, no Cirque, a maquiagem faz parte do aquecimento de todos os artistas; é uma preparação gradual para a transição da vida cotidiana para a vida no palco. Isto é: era outra maneira de expressar uma criatividade mais fundamental. Seu objetivo não é esconder rostos e falhas, mas sim revelar o nosso outro lado para o resto do mundo.

Cari e eu nos dirigimos para o prédio principal para a minha sessão de maquiagem com *Mademoiselle* Claudia, uma mulher encantadora, de cabelos castanhos curtos, que parecia ter os seus trinta e muitos anos. Sentei-me entre um enorme atleta ucraniano e uma chinesinha miúda.

– Demos uma olhada nos nossos catálogos de personagens do Cirque e encontramos um que, supomos, ficaria bom – explicou ela, pegando um fichário de três furos na prateleira. Abriu-o numa página de *Quidam*, um dos espetáculos itinerantes do Cirque, e mostrou-me o personagem da roda alemã. – O rosto dele era o mais próximo do seu em termos de estrutura óssea, e gostei da sua energia: despachado, meio maluquinho – pelo que ouvi falar, bem parecido com você. O que você acha?

O personagem usava um chapéu-coco azul turquesa sobre uma vasta cabeleira loura; o rosto era branco, com sobrancelhas de um azul gritante e bochechas vermelhas. Era uma máscara arrojada, mas sem dúvida preparada com precisão meticulosa. Gostei.

– Vamos lá!

Claudia apoiou o livro no balcão e folheou algumas páginas, que continham instruções ilustradas passo a passo, indicando como preparar o personagem.

– Montamos estes livros há alguns anos, a fim de garantir a consistência dos personagens de uma temporada para a outra, mesmo que mudássemos de artista – contou. – Mas claro que há muito espaço para a individualidade em todos os papéis. Nunca se faz uma maquiagem exatamente do mesmo jeito duas vezes.

Nunca fui maquiado. Mesmo em criança, quando me fantasiava no Dia das Bruxas, nunca pintei máscaras demoníacas ou exóticas no rosto, como alguns dos meus amigos; geralmente preferia me cobrir com um pano qualquer e um capacete. Era fácil, seguro e a única maquiagem necessária era um pouco de carvão sob os olhos – um preparo mais que insuficiente para a tarefa daquele dia.

Claudia começou reunindo as diversas cores, pincéis e esponjas que usaríamos para criar o meu novo rosto. A idéia era que os artistas aprendessem a aplicar sua própria maquiagem, como teriam de fazer na estrada, longe da orientação de Claudia.

– Antes de mais nada, vamos começar com uma base de branco na sua testa, sobrancelhas, nariz, em volta da boca e do queixo – explicou ela, passando uma esponjinha em forma de cunha num pratinho plástico com branco puro. – Toma, tenta você.

Dando batidinhas leves, espalhei um pouco de maquiagem nas maçãs do rosto, e descobri ser surpreendentemente difícil colocar a quantidade certa na esponja para espalhá-la de maneira uniforme. – Não coloque muita força, Frank, nem arraste a esponja, senão vai esticar a sua pele – e, se você fizer isso todo dia, o seu rosto vai envelhecer antes da hora.

Enquanto eu começava a aplicar a base branca com mais jeito, Claudia falou-me um pouco sobre si.

– Quando disse à minha mãe que era isto que eu queria fazer, ela riu. Eu já me apaixonara por tantas atividades antes – balé, dança, *skate*, escultura –, que ela não acreditava mais em mim. Só que dessa vez era verdade. Fiz cursos de teatro e aprendi como a maquiagem interage com cada um dos seus elementos – figurino, iluminação, palco. Experimentei vários rostos diferentes até acertar. Agora, ajudo os outros a encontrarem o seu. Para mim, é o trabalho ideal, um misto dos meus talentos e das minhas paixões. É isso que me dá – e para todo mundo aqui – a energia necessária para estar sempre tentando e experimentando coisas novas.

Claudia fez um gesto, sinalizando para eu parar um pouco.

– Muito bem: primeiro colocamos uma camada leve de pó branco no seu rosto. A base é fundamental para a construção do personagem, embora ao mesmo tempo seja o elemento que os artistas mais tendem a negligenciar. Só que, quando se economiza na base, ela fica transparente sob as luzes fortes do palco, que acabam conseguindo atravessar essa camada e bater direto na pele, apagando as cores e anulando todo o efeito da maquiagem.

– Quanto tempo costuma levar para os artistas aprenderem a se maquiar sozinhos? – quis saber Cari, folheando outro dos livros de Claudia, absorta nas possibilidades que ali encontrava.

– Bom, a primeira vez é sempre muito difícil. Pode levar umas três ou quatro horas, e são poucos os artistas que conseguem ficar parados tanto tempo! Afinal, vocês foram feitos para se mexer. Tem gente que fica tão apavorada com a primeira sessão de maquiagem, que não consegue nem dormir na noite anterior. E olha que são as mesmas pessoas que dão mortais triplos no trapézio, na frente de duas mil pessoas!

Naquele momento, eu estava solidário a eles. Claudia pintou uma listra forte de Azul-Piscina LU-19 na minha sobrancelha direita e esfumaçou a metade superior até a cor desaparecer num espaço de menos de três centímetros. Vendo-a dar uma pincelada perfeita na minha sobrancelha, percebi que jamais atingiria aquele nível de precisão. Tentei em vão reproduzir o mesmo efeito na outra sobrancelha, mas tudo o que consegui foi uma mancha azul feia e sem definição. Respirei fundo e abaixei o pincel, desanimado. Mas, também, Claudia fazia aquilo há anos, pensei. Como é que eu queria acertar logo de cara? Resolvi insistir.

Quando terminei, nós dois paramos para olhar, no espelho, a bagunça que eu tinha feito no meu rosto.

– Hmmm – disse eu, finalmente. – Este lado aqui não está muito bom.

– Não se preocupe. O importante é os nossos artistas cometerem erros aqui, com a gente por perto, porque com certeza vão errar durante a excursão, longe de nós. No caso da maquiagem, não existe erro, só maneiras diferentes de chegar ao resultado final.

Eu sabia que Claudia tinha razão, claro. Os maiores desafios que enfrentei na minha carreira aconteceram quando Alan não estava por perto para me socorrer. Tudo o que ele podia fazer era me ensinar o que sabia, e confiar em que eu faria um bom uso desse conhecimento.

Claudia me fez outro sinal para parar.

– Ao riscar essas linhas, *não* siga os contornos do seu próprio rosto, que são indícios falsos de como ele se movimenta. Assim, deixa eu mostrar.

Claudia pegou um pratinho plástico com Vermelho-Tijolo DR-5, mergulhou nele um pincel grosso igual a uma pintora e disse-me, primeiro, para sorrir, depois, para fechar a cara. Em seguida, desenhou um exagerado contorno da minha "boca de palhaço", sem seguir os meus traços faciais, e preencheu-o.

– Agora, sorria.

As linhas vermelhas ficaram perfeitas, ampliando o meu sorriso e tornando-o visível a uns sessenta metros de distância.

– Agora, faça cara de bravo.

Para meu choque, vi um esgar amargo tão profundo e melancólico quanto o meu sorriso fora exuberante.

– Mas isso é incrível!

– Tudo o que você tem a fazer é ignorar os contornos óbvios da sua cara e concentrar-se nos ossos e músculos *sob* a pele. É deles, e não da pele, que vêm as suas expressões. Sua vez.

Ao contrário das minhas primeiras tentativas desajeitadas na sobrancelha, dessa vez deu certo.

– Isso, você está começando a entender. Em vez de tentar pintar *por cima* do rosto, você está tentando *trazer à tona* os seus elementos básicos, a sua essência.

Passamos em seguida para as bochechas. Claudia apalpou o meu rosto até encontrar o ponto mais alto da minha maçã do rosto direita e o ponto de convergência dos três músculos principais do rosto, que formam uma pequena concavidade no meio de um triângulo. Riscou sobre a base branca uma linha vermelha desde a orelha até um ponto imediatamente abaixo do centro do pômulo.

– A maçã do rosto não é reta, é curva; se você pintar direto por cima, vai acabar com ela.

Concluída a linha horizontal, ela foi esfumaçando a área ao redor das minhas covinhas, para melhor efeito dramático.

Seguindo o processo demonstrado por Claudia – primeiro, tateando em busca do centro do meu pômulo esquerdo e dos músculos que ali se encontram –, tracei uma linha vermelha perfeita e consegui esfumaçá-la com delicadeza; ficou parecendo até que a cor tinha sido vaporizada sobre a minha pele.

– Excelente! Agora, os olhos! Os olhos não são só a janela da alma – são eles que vão estabelecer o elo entre você e o público. Como a maioria dos nossos artistas não fala, temos de ampliar os olhos para revelar os seus sentimentos. A base do Cirque é a emoção.

Meu personagem precisava de uma base branca imediatamente acima e abaixo dos olhos, sombra azul e delineador preto, para fazer os olhos "pularem".

– O que a gente quer é que os seus olhos pareçam *maiores* na luz – explicou Claudia.

Depositar suficiente confiança numa pessoa para deixar que ela passasse um lápis a poucos milímetros dos meus olhos foi mais difícil do que eu imaginava, mas pus toda a minha fé nas mãos competentes de Claudia. Por mais estranha que fosse a experiência, contudo, não foi nada se comparada à sensação estranhíssima que tive ao tentar cumprir a mesma tarefa no olho esquerdo. Desatei a piscar involuntariamente e minha boca simplesmente se recusava a permanecer fechada.

– Frank – admoestou-me Claudia, fechando o meu maxilar com um tapinha de leve no queixo –, estamos delineando os seus olhos, não te jogando amendoins.

Comecei a rir, e senti que os músculos ao redor do meu rosto relaxavam. Pode ser difícil aprender a confiar numa outra pessoa, mas ainda assim tende a ser mais fácil que ter a coragem de confiar em si mesmo.

Quando finalmente terminei o meu olho esquerdo, parei para avaliar o meu trabalho.

– *Très bien, François, très bien!* – Não pude deixar de sorrir para o espelho, com Claudia sorrindo atrás de mim. – Claro que o maior problema não é a primeira vez. Depois de alguns anos, o artista pode acabar caprichando menos na maquiagem. Volta e meia mandamos tirar fotos dos personagens durante as apresentações e enviá-las para nós. Quando o artista relaxa e perde aquela centelha criativa que ajudou a dar vida ao personagem, este fica quase irreconhecível.

Entendi perfeitamente; depois de treze anos fazendo o mesmo trabalho, eu mesmo tinha começado a me poupar um pouco – e nem estava me apresentando perante uma platéia de milhares de pessoas.

– E como vocês fazem para reacender a paixão dos artistas, a sua criatividade?

– Vamos até onde o espetáculo está em cartaz e passamos alguns dias com o elenco. Só que não adianta agarrá-los pelo punho e esperar que comecem a delinear melhor os olhos. Procuramos ajudá-los a redescobrir seus personagens. Temos de ser muito pacientes e lembrá-los de que a criação da maquiagem é análoga ao que eles fazem no palco: é preciso insistir no mortal triplo até ele ficar tão natural que o sujeito consiga executá-lo sem esforço, sem pensar, de modo a ficar livre para concentrar-se em desempenhar o seu papel, retratar o seu personagem, criar um vínculo com o público. Como a formação da maioria deles foi como atleta, eles acabam não tendo lá muita paciência com a maquiagem, mas descobrimos uma maneira de usar as origens deles a nosso favor; afinal, são todos competitivos. Gostam de ser avaliados e reconhecidos. Assim, alguns anos atrás, comecei a aparecer com uns pincéis especiais, gravados com comentários como "Melhor Maquiagem", "Maior Evolução", "Melhor Sombreamento", "Melhores Olhos" e assim por diante. Eles adoram! Queremos que os artistas se interessem pelo processo, porque só "seguir as regras" não basta. É a diferença entre limitar-se a tocar as notas certas no piano e *tocar a música* de verdade, com todo o coração, deixando-a fluir de dentro de você.

Por fim, concluiu:

– Queremos que você cometa erro, experimente, descubra o que a sua personalidade tem *em comum* com a do seu personagem. Ao contrário de uma máscara que oculta a sua identidade, a maquiagem a desnuda por completo.

Olhando o meu rosto no espelho, descobri que o sujeito exagerado e de cara pintada que me devolvia o olhar não era apenas o rosto que eu vira ao folhear as páginas dos livros de Claudia; era também, indiscutivelmente, o meu.

Arrisque-se

Cari havia planejado almoçar com outros artistas para discutirem os seus números, mas prometeu alcançar-me mais tarde. Ao descer o corredor principal a caminho do refeitório – ainda de maquiagem –, reparei num homenzinho baixo de muletas que manquitolava, arrastando atrás de si um dos pés, metido numa bota de gesso gritante. Seus quiques e saltos eram de uma energia fora do comum para um sujeito de muleta. O que mais chamava a atenção na sua figura, porém, era o cabelo, dividido em dois "chifres" pintados de vermelhão – embora o sorriso contagiante que ele ostentava deixasse claro que não havia nada de malevolente naquele diabo.

– São de verdade? – perguntei, apontando os seus chifres.

– O que é "de verdade"? – retorquiu ele em tom brincalhão, e apontou para o meu rosto. – E isso aí, é de verdade?

Parei para pensar um minuto e respondi:

– Sem dúvida.

– A-ha. Então você entende por que eu uso o cabelo assim: para provocar, empolgar, divertir. No dia em que eu vir cem pessoas olhando para mim com essa cara que você fez, corto os chifres fora. Mas, até lá, vou ficar com eles.

– O que foi que aconteceu? – perguntei, indicando as muletas.

– Quebrei um osso do pé. Por isso que estou aqui, recuperando as forças e ajudando a treinar parte do pessoal novo, em vez de atuar no KÀ, em Las Vegas. Quando me machuquei, meu primeiro pensamento foi *Essa não, vou ficar três meses de molho!* – mas aí resolvi tirar o máximo de proveito da situação. E, olha, continuo capaz de me movimentar!

Largou as muletas e deu um salto mortal.

Voltando à posição ereta, apresentou-se: seu nome era Martin, acrobata de 27 anos de idade da Cidade de Quebec, que trabalhava já fazia cinco anos para o Cirque.

– Nunca imaginei que um dia trabalharia aqui. Eu vinha aos testes para me exercitar e me divertir. No começo, não era muito bom na parte acrobática. Sou ginasta, e o meu treinamento era para realizar números acrobáticos, de modo que não conhecia algumas das façanhas mais fora do comum. Mas persisti, e ficava treinando depois que todo mundo já tinha ido para casa. Além disso, procurava deixar cada detalhe com a minha cara. Quando um técnico me pedia para dar uma cambalhota para trás, eu dava a cambalhota de costas mais pirada que conseguisse imaginar. Creio que foi por isso que acabei me destacando – sempre fazia mais do que todo mundo esperava.

Ele prosseguiu, imitando a postura de um batedor de beisebol na base, firmando o pé bom no chão e agitando a muleta como se fosse o melhor taco do mundo:

– Às vezes você dá uma bola fora, às vezes consegue uma jogada de mestre. Mas, na vida real, ninguém está ligando para quantos pontos a gente deixa de ganhar; o que interessa são aqueles que a gente marca. E, ainda por cima, podemos rebater quantas vezes quisermos! Qualquer um pode ser um verdadeiro rei dos campos se jogar por tempo suficiente.

O que Martin estava dizendo era uma grande verdade. Quando foi que comecei a me preocupar tanto com a possibilidade de cometer um erro, que parei de me arriscar? Alan costumava elogiar a minha coragem – por fechar contratos com atletas universitários do segundo ou terceiro escalão, que sequer haviam sido descobertos por algum time profissional, ou por descobrir maneiras inovadoras de provocar os anunciantes, convencendo-os a contratar os nossos clientes para estrelarem as suas campanhas.

No seu último golpe, ele acabou acertando em cheio um vaso que estava no canto do corredor, derrubando-o no chão e espalhando terra por todos os lados.

– Viu? – perguntou, ajoelhando-se para recolocar a terra no vaso. – Mais uma boa tacada do Marty! E a torcida vai ao delírio!

O homem era uma verdadeira espoleta.

– Como você faz para não perder todo esse entusiasmo em relação ao seu trabalho?

– A questão é a seguinte – e inclinou-se para a frente, como se fosse sussurrar um segredo. – Eu amo desafios, adoro mudanças, gosto de fazer as coisas do meu próprio jeito! É por isso que sou apaixonado pelo meu trabalho. Se algum dia eu perceber que deixei de ser feliz, vou fazer outra atividade. Sabe, podemos usar essas máscaras esquisitas, mas, depois que subimos no palco, nem com toda a maquiagem do mundo dá para esconder a insatisfação. Aliás, isso vale para a vida em geral também, não é? Mas, se a pessoa não está feliz, sempre tem a opção de fazer outra coisa. Existe sempre uma saída. Quando a gente se dá conta disso, descobre que é livre para realizar o que há de mais inacreditável!

Antes que eu pudesse responder, Marty enganchou as muletas no pé bom, despediu-se e foi-se embora – plantando bananeira.

Reinvente-se

Diane tinha agendado para mim uma conversa com um dos novos coreógrafos de acrobacia do Cirque, que tinha um papel de destaque na criação de um novo espetáculo. Cheguei alguns minutos antes da hora e topei com ele na porta da sua sala.

– Deixa eu adivinhar – brincou ele. – Foi o lado *direito* do seu rosto que a Claudia fez.

Tive de rir. Dava para imaginar um jovem com aquela cara tão à vontade pegando onda numa praia da Califórnia, quanto enfrentando a neve de Montreal.

– E o que foi que te fez pensar assim?

– Bom, é que o lado direito está limpo e bem definido, enquanto o esquerdo dá a impressão de que a gente está olhando através de uma lente besuntada de vaselina, igual à Ingrid Bergman em *Casablanca*.

Rimos os dois. Ele se apresentou como Lars. Nascido e criado na Califórnia, ele havia trabalhado durante anos como assistente de produção em Hollywood, até que um amigo o arrastou para uma apresentação do Cirque du Soleil no Píer de Santa Monica.

– Era a estréia do novo espetáculo deles nos Estados Unidos, e na cidade inteira não se falava noutra coisa. Quando assisti, meu primeiro pensamento foi *Isto é a coisa mais legal que eu já vi na vida*. Aquela energia toda, aquele figurino doido, a coreografia, acrobacias inimagináveis. Supus que estivesse velho demais para eles – já estava com 28 anos –, mas aí pensei: *Ah, mas também não tenho nada a perder mesmo, tenho?* Então, gravei uma fita em que eu dava umas cambalhotas na praia, dançava *break* numa boate em Venice Beach e surfava umas ondas matadoras, e mandei para Montreal; me ligaram duas semanas depois. Mais duas semanas e vim a Montreal para um teste e, passadas outras duas semanas, me mudei para cá! Foi o exato oposto do que eu conhecia de Hollywood, onde ninguém pára um minuto e toda idéia supostamente nova não passa da reciclagem de filmes que alguém já fez antes.

Três meses depois de enviar a sua fita, Lars estava no palco do *Saltimbanco* em Tóquio, fazendo o poste chinês e o balanço russo.

– Mas o que eu mais adoro é a roda alemã.

Vendo minha expressão intrigada, Lars explicou:

– O poste chinês consiste, na verdade, em dois postes verticais, de cinco a dez metros de altura, nos quais a gente faz acrobacias, pulando de um para o outro ou pendurando-se na horizontal, igual a uma bandeira. O balanço russo é uma rampa de metal como aquelas que se usa para carregar caminhões de mudança, mas que é suspensa em dois postes de metal e balança para a frente e para trás. Dá para equilibrar três ou quatro caras nele, e o da frente é lançado, dá umas cambalhotas no ar e aterrissa. É meio perigoso, mas bem legal. Já a roda alemã não passa de dois arcos grandes ligados por uns eixos, que são presos em paralelo, a mais ou menos um metro de distância um do outro. Você entra, segura nos eixos e fica de braços e pernas abertos que nem o *Homem de Vitrúvio*, aquele desenho do Leonardo Da Vinci. Uma vez lá dentro, dá para fazer todo tipo de maluquice: correr feito um hamster, dar estrelas, girar em torno do próprio eixo. Quem é muito bom consegue fazer a "moeda", em que a roda se equilibra sobre uma das bordas, vira para baixo e começa a girar, como se fosse uma moeda quando cai no chão. Só que a pessoa não pode deixar a roda deitar totalmente, senão arrebenta a cara – então, é preciso ser forte e ter bastante equilíbrio para puxá-la para cima a cada volta.

Como estava louco para experimentar, Lars encomendou uma roda com a ajuda de um alemão oriental, que era seu colega de elenco.

– Aprendi sozinho, treinando à noite, depois das sessões do *Saltimbanco*, rodando pelo palco depois que todo mundo ia embora. Bicho, você não imagina os tombos que eu levava. Cortei as canelas, quebrei dedos dos pés e das mãos, rasguei a orelha, fraturei até o nariz – mas valeu a pena!

Depois de alguns meses de treinamento, Lars já estava exímio o bastante para gravar outra fita e enviá-la para Montreal.

– Quando vi, me chamaram de volta para treinar e ser o melhor cara na roda alemã do *Quidam*. Em poucos meses, já estava fazendo *esse* espetáculo!

Muitas das pessoas que conheci no Cirque, ao que parece, têm a mais absoluta necessidade de se reinventarem, de experimentarem novidades, por conta própria, sem nenhuma garantia de que seus esforços venham a resultar em algo.

– Não demorou muito para a minha cabeça começar a fervilhar com idéias de novas acrobacias, novos números, novas manobras, novos aparelhos. Se o clima de Hollywood mexia com a minha imaginação, foi a atmosfera do Cirque que a acordou de verdade.

– Qual a diferença?

– Sei lá... De repente é o fato de aqui as idéias estarem o tempo todo colidindo. São tantas pessoas diferentes, com tantas histórias diferentes, com tantas idéias legais. Mas tem também a receptividade do Cirque para novas sugestões, claro. As boas idéias e os bons profissionais sobem, independentemente do tempo de casa ou de convenções políticas.

No momento em que soube que o Cirque pretendia criar um espetáculo tendo os esportes radicais como tema, Lars quis participar.

– O pessoal que estava selecionando a equipe, conhecendo o meu currículo, perguntou se era do elenco que eu queria participar. Eu até tinha vontade, mas o que eu queria mesmo era participar como coreógrafo e criar números para o show. Eles responderam: "Tudo bem, mas é melhor você pensar rápido, porque vamos tomar decisões nas próximas semanas".

Eu tinha muitas idéias – idéias até demais! –, mas resolvi me concentrar naquelas baseadas nas minhas experiências na Califórnia e em Tóquio. Quando eu tinha quinze anos mais ou menos, teve um terremoto em Mendocino que deve ter chegado a uns seis pontos na escala Richter. Só que, em vez de sacudir a cidade para a frente e para trás, ele meio que correu pela superfície da Terra, como se rolasse pelo chão. Foi dessa experiência que tirei algumas idéias para um número.

Lars montou maquetes das suas melhores idéias, gastando algumas centenas de dólares em material, e ficou trabalhando até cinco ou seis horas da manhã todas as noites, durante uma semana, para aprontar tudo. Então, gravou uma fita de quinze minutos e, mais uma vez, despachou-a para Montreal. A fita chegou à cúpula do Cirque em dez dias!

– Antes que eu me desse conta do que estava acontecendo, estava instalado na minha própria sala na sede da empresa e tinha à minha disposição tudo de que precisava para começar a colocar as minhas idéias em prática. Sabe lá com o que mais eu vou sonhar agora. Pelo que a Diane me disse, você vai ter a oportunidade de experimentar pessoalmente alguns dos nossos equipamentos. A gente não tem um encontro marcado hoje ainda, mais tarde, para um giro na roda alemã?

Desperte os seus sentidos

A caminho do quarto para tirar a maquiagem, tentei lembrar daquela frase de Baudelaire sobre sonhos – de que muito poucos são os homens capazes de sonhar sonhos magníficos. Lars sem dúvida era um desses eleitos – ou, para ser mais exato, tinha coragem suficiente para seguir os seus sonhos. A despeito dos obstáculos que encontrava pelo caminho – dinheiro, tempo, recursos –, nunca permitiu que eles o detivessem. Recusando-se a se considerar "só um ator", empenhou-se, sozinho, para criar números de uma originalidade ímpar – uma lição útil para qualquer um, que só vinha reforçar o que Diane e tantos outros no Cirque me disseram: não há limites, tudo é possível. Acreditando nesse princípio e *vivendo* assim, é possível realizar os feitos mais extraordinários.

Minha atribuição seguinte, fazer um molde de gesso da minha cabeça, deu-me um medo que nenhuma outra das minhas tarefas dera. Eu teria de ficar com a cabeça e o rosto cobertos de gesso durante meia hora, a fim de que os contra-regras do Cirque usassem o molde para criar um modelo parecido com os que eu me lembrava de ter visto quando Diane me ciceroneou pela primeira vez pela sede do Cirque du Soleil.

Estávamos descendo um longo corredor quando passamos por uma sucessão de cabeças brancas de gesso penduradas na parede. As fileiras de máscaras lembraram-me a resposta de Michelangelo, quando lhe indagaram como ele havia criado sua escultura mais magnífica, o David: "Ele estava dentro da pedra – tudo que tive de fazer foi remover tudo o que não fosse David." Às vezes, a forma do que queremos já existe, refleti então, pensando na forma que a minha própria vida havia assumido e em como eu queria que ela ficasse. Talvez fosse simples como apenas remover as partes de mim que já não serviam mais.

Eu havia me aproximado, reparando que havia um nome junto a cada molde.

Diane logo respondeu ao meu olhar interrogativo:

– Usamos esses moldes de gesso para ter um registro dos traços e das medidas das cabeças dos nossos artistas.

– Quer dizer, o tamanho do chapéu?

– É, mais ou menos isso. Pode parecer bobagem, mas é que os nossos ornamentos de cabeça são todos personalizados, manufaturados para cada papel específico desempenhado por cada ator. Alguns são bastante elaborados, e o encaixe tem de ser perfeito para não caírem na hora errada, nem não saírem na hora certa. Chegamos à conclusão de que era mais conveniente manter modelos das cabeças de todos os artistas aqui em Montreal, a fim de servirem de base para chapéus, perucas e máscaras sobressalentes, em vez de mandarmos os nossos artesãos para a Europa ou a Ásia sempre que alguém precisar de outro.

Embora eu decerto tivesse ficado impressionado com a inventividade com que eles lidavam com os problemas cotidianos, isso definitivamente não significava que eu me sentisse totalmente à vontade para experimentar o processo em primeira mão. Sempre fui meio claustrofóbico; a idéia de ficar preso e impossibilitado de dizer aos outros como eu estava me sentindo ou pelo que estava passando era aterradora; assim, foi com mais que uma ligeira apreensão que entrei na oficina de contra-regragem.

Entrei num lugar que mais parecia a oficina mais sofisticada do mundo. Estava repleto de máscaras gigantescas, de um metro e meio, que pareciam saídas de um desfile de carnaval. Homens de camisetas empapadas de suor serravam, burilavam e pintavam suas criações.

À minha direita, havia uma saleta completamente coberta de branco, à exceção de um balcão cor de manteiga de amendoim. Bem no meio, estava uma moça esguia de avental emborrachado amarelo-limão. Estava de tal modo coberta de pó branco que, à primeira vista, pensei que fosse loura; só depois fui me dar conta de que ela tinha o cacoete de passar as mãos empoeiradas pelo cabelo castanho. Apresentou-se como Vanessa.

– E esta é a Dolores – completou, apontando uma mulher de meia-idade, de ar risonho e querubínico, que entrou atrás de mim.

Vanessa convidou-me a sentar num dos cadeirões de cabeleireiro, que defrontavam com uma série de espelhos cobertos de pó de gesso. Nitidamente acostumada a trabalhar com pessoas nervosas, ela me explicou o processo numa voz serena e tranqüilizadora.

– Como você está se sentindo, Frank? Tudo bem?

Eu não estava muito certo se tudo estava bem ou não, mas mais uma vez estava disposto a depositar minha confiança em suas mãos, como fizera na véspera com René.

– Sim... Estou pronto.

– Muito bem, então podemos começar – e começou a preparar uma touca de borracha sob medida para a minha cabeça.

– Muita gente tem dificuldade com isso? – indaguei, nervoso.

– Algumas, sim – respondeu Vanessa, enquanto ela e Dolores me ajudavam a enfiar a touca.

– Está vendo esta menina? – perguntou, apontando o molde de uma cabeça de criança sobre o balcão. – Não está parecendo nada relaxada, está? Os olhos estão fechados com força, o rosto todo está tenso e contraído. Pedimos para uma pessoa ficar aqui conversando com ela em chinês, para acalmá-la. Tivemos um outro rapaz, brasileiro, de seus dezoito, dezenove anos, que pediu para ver o que estávamos fazendo. Complicou um pouco o nosso lado, mas conseguimos, abrindo dois buracos para os olhos. Acabou ficando muito engraçado; enquanto a gente trabalhava, os olhos dele não paravam de se mexer, como os quadros dos filmes de espionagem. Precisamos fazer muita força para não rir!

Sorri, imaginando a cena. Mas a descrição também me ajudou a entender um pouco melhor *por que* eu estava tão assustado. A idéia de os meus sentidos ficarem "fora do ar" – mesmo que apenas por alguns minutos – era desconcertante. Talvez porque tanta coisa na minha vida dependia de eu dizer as palavras certas, na hora certa. Só de pensar em ter de permanecer imóvel e calado, mesmo que apenas por meia hora, eu ficava agoniado.

– Alguém já desistiu no meio do caminho? – volvi, fazendo um esforço hercúleo para não trair a minha aflição.

– Já, às vezes isso acontece. – Com seus dedos leves, Vanessa ajeitava a minha touca. – De vez em quando a pessoa começa a se sentir claustrofóbica e pede para sair. Mas acho que vai correr tudo bem com você.

Depois de passar um pouco de lubrificante na touca para o gesso não grudar, as duas começaram a despejar aquela mistura grossa sobre a minha cabeça – uma sensação surpreendentemente fresquinha e confortável. Juntas, espalharam o gesso pelo meu crânio, orelhas, pescoço e rosto.

Com os olhos cobertos, senti que Dolores, com seus dedos mais grossos e fortes, estava trabalhando à minha direita, enquanto Vanessa, de toque mais delicado, espalhava o gesso pela minha testa. Fiquei respirando pelo nariz, sem mover as sobrancelhas nem os lábios.

Com o gesso escorrendo pelo meu rosto, tive a sensação de ir imergindo, devagar, serenamente. Quando, porém, me dei conta de que estava com a cabeça completamente coberta, fui invadido pelo medo. Meu pulso e minha respiração dispararam e eu me agarrei aos braços da cadeira. Não podia ver nem falar! No entanto, no exato momento em que pensei que fosse explodir, aconteceu algo estranhíssimo. Parei de resistir, e a calma tomou conta de mim quando comecei a pensar em tudo o que ainda podia fazer.

A respiração ainda era possível, por exemplo. Logo aceitei o seu ritmo, e comecei a controlá-la tal como me ensinaram quando estava aprendendo o nado de peito. À medida que eu deixava que a minha respiração se aprofundasse e a controlava mais, senti que ia relaxando involuntariamente – e, quanto mais relaxava, menos compelido me sentia a tentar expressar em palavras tudo o que estava sentindo. Comecei a me perguntar quantas e quantas vezes eu não falava apenas para preencher um momento vazio, em vez de permitir que minhas idéias ainda não expressas realmente tomassem forma.

Meu olfato continuava intacto; o aroma mentolado do plástico emborrachado lembrou-me os moldes que meu ortodontista usava quando eu era adolescente. Ocorreu-me, então, que muitas das minhas experiências no Cirque evocavam lembranças tão intensas, que havia momentos em que eu tinha a sensação de estar revivendo a adolescência, com sua aparentemente interminável série de portas que levavam sabia-se lá para onde. Naturalmente, confrontar aqueles sentimentos muitas vezes gerava o mesmo tipo de estranhamento e desconforto da minha puberdade. A solução era não ceder aos meus temores, mas, pelo contrário, encará-los.

Também continuava podendo ouvir tudo – talvez até melhor do que antes. Reparei no rádio, que tocava algo parecido com Lady Blacksmith, o grupo que Paul Simon convidou para tocar em seu clássico álbum *Graceland*. Lembrei do inverno em que ouvi aquele disco pela primeira vez; estava dando aulas de natação em meio-período numa escola particular não muito distante do meu escritório. Eu adorava, e não obstante fazia anos que não pensava naquilo. Por que eu tinha parado?

Lembrei da descrição de René de como ele escutava os problemas no cordame. Será que eu tinha ficado surdo para os pequenos sinais que indicavam o que as pessoas estavam *realmente* sentindo, quando problemas iminentes se avizinhavam? Como eu poderia abrir os meus ouvidos e escutar melhor?

À medida que os minutos se passavam, acabei entrando num estado quase meditativo. Quando Vanessa finalmente me avisou que estava na hora de tirar o molde, minha vontade foi que fossem bem devagar, a fim de prolongar a experiência. Pela primeira vez em anos, eu não estava pensando no que dizer em seguida nem me preocupando em dizer frases inteligentes. Estava apenas absorvendo, saboreando os sons, odores e sensações que me cercavam.

Dance conforme a música

Após a minha sessão de modelagem, voltei para o estúdio e vesti minhas roupas de ginástica para o meu encontro com Lars. Cari, que sabia qual era a minha agenda, já havia chegado e observava de longe. Lars estava brincando com a roda alemã.

– Tenho uma boa notícia para você: a sua altura é perfeita para a roda.

Até que enfim ter 1,70m me serviu para alguma coisa.

Diane havia me dito que ela, particularmente, desejava que eu trabalhasse na roda alemã, o que me ensinaria, em última instância, como é preciso pouco esforço quando as nossas atividades são realizadas com o devido equilíbrio e no tempo correto. E comparou: se tentamos forçar a nossa mente a seguir determinados rumos, ela resiste, como a roda alemã. Por outro lado, se confiamos na nossa imaginação, ela nos leva para lugares surpreendentes.

– Você pode me mostrar como funciona? – pedi.

Lars não me parecia ter maiores tendências ao exibicionismo, mas dava para ver que ele adorava o que fazia. Começou por alguns dos movimentos mais simples, a fim de voltar a se acostumar com a roda, pois já fazia algum tempo que não praticava. Enfiou os pés nas presilhas ("O certo é encaixar os pés nelas o melhor que você puder, porque se eles saírem você vai ter sérios problemas"), segurou-se em dois eixos acima da sua cabeça, colocando-se na posição do *Homem de Vitrúvio*, e, como quem não quer nada, colocou a roda em movimento e começou a dar estrelas para a frente e para trás pelo chão.

Do jeito que ele fazia, parecia ser facílimo.

Então, Lars começou a descrever círculos; não entendi como ele fez para a engenhoca mudar de rumo, pois não percebi nenhuma mudança de posição da parte dele. Em seguida, apoiou-a sobre uma borda só e começou a girar, cada vez mais perto do chão, como faz uma moeda quando cai. Embora a gravidade devesse derrubá-lo da roda e fazê-lo dar de cara no chão, sua postura continuava impecável. Sua posição na roda parecia não se alterar – mas não era possível, alguma força ele tinha de estar exercendo para controlar a roda daquela forma.

No exato momento em que pareceu que não havia mais escapatória e a queda era inevitável, ele saltou, ergueu-se e fez um gesto de "*ta-naaaá*!", enquanto a roda dava suas últimas voltas ao seu redor. Não pude evitar aplaudir e achar graça do que acabara de ver.

– Foi fantástico – elogiei.

– Isso é só o começo – ele replicou, e começou a rodar o aparelho de quase cinqüenta quilos à sua volta, como se não passasse de um bambolê de duzentos gramas. Foi só quando ele pulou sobre a roda, porém, com seus quase dois metros de diâmetro, e equilibrou-se sobre ela usando apenas os braços, como um ginasta nas barras paralelas, que o meu queixo caiu. Depois de sustentar a posição por um momento – se para se equilibrar melhor ou por mero efeito dramático, eu não sabia ao certo –, ele começou a jogar o corpo para dentro e para fora da roda, e por cima, e em volta, girando-a de todas as maneiras possíveis e imagináveis. Lars não se repetia – e, justamente quando supus que seus truques haviam se esgotado, ele se colocou *sobre* a roda, perfeitamente senhor da situação.

– Olha só, mamãe, sem as mãos! – gracejou.

A proeza seguinte consistiu em descer da roda com uma cambalhota e enfiar de novo os pés nas presilhas, tudo num movimento só. Com os braços cruzados sobre o peito, Lars conseguiu dar mais uma estrela, usando apenas os pés! Para a frente e para trás, de um lado para o outro, ele repetiu vários dos movimentos que havia demonstrado minutos antes, só que dessa vez sem o auxílio dos braços.

Mas algo eu tinha certeza de que não dava para fazer sem os braços, não, definitivamente: a "moeda". Foi então que ele segurou num dos eixos com uma só mão – e conseguiu! À medida que o seu corpo e a roda aproximavam-se cada vez mais da posição horizontal, a roda começou a girar feito um pião – até atingir uma velocidade tal que não dava para acompanhar a cabeça de Lars sem ficar tonto. Ele tinha virado um verdadeiro giroscópio humano!

E, de novo, quando imaginei que ele não tinha mais saída – de repente lá estava ele, de pé no meio da roda, enquanto esta dava as suas últimas voltas ao seu redor. Dessa vez, ele não precisava de nenhum *ta-naaaaá*. O número todo falava por si.

Fiquei tão estupefato que me faltavam palavras. Mas também estava meio assustado – afinal, agora era a minha vez.

– Olha, não é tão difícil assim – ele tentou me convencer, convidando-me a me aproximar. Contudo, àquela altura eu já tinha visto movimentos de sobra que, nas mãos de um artista de primeira linha, pareciam fáceis – mas, nas de um amador como eu, revelavam toda a sua dificuldade. E a lista só fazia crescer.

– Pode confiar em mim – disse Lars, vendo meu ar de dúvida. – Depois que você se equilibra, está com meio caminho andado. O segredo é não lutar contra a roda, mas fazer dela uma aliada. Para mudar de direção, não adianta puxá-la para lá ou para cá, porque ela vai resistir; são manipulações sutis.

– Está bem.

Enterrei até o fundo os pés nas presilhas e agarrei com força os dois eixos acima da minha cabeça.

– Ah, tem outra coisa – ele ainda acrescentou, como se tivesse acabado de se lembrar. – O mais importante é não soltar NUNCA. Se você vai cair, caia; é mais seguro dentro da roda do que fora. Se as suas mãos ou seus pés estiverem fora da roda no momento da queda, você vai acabar quebrando os dedos.

Limitei-me a fuzilá-lo com os olhos.

Mas eu estava lá, para o que desse e viesse. Afinal, já tinha sobrevivido a todos os desafios enfrentados até ali. Uma vez dentro da roda, comecei a balançar para a frente e para trás, só para sentir como funcionava.

– Mais uma dica. – Àquela altura, eu já estava me sentindo soterrado por aquele bombardeio de informações. – Mantenha o corpo o mais rígido e reto que puder. Quanto mais você se concentrar no seu "centro de gravidade" (o abdômen e o peito), mais controle vai ter.

Entretanto, para a minha surpresa, não demorou para que eu sentisse uma surpreendente segurança no interior da roda, e dei algumas estrelas para um lado, depois para o outro.

– Bom – elogiou Lars. – Agora, experimente andar dentro da roda.

Imagine um ser humano tentando imitar um hamster: pois foi o que eu fiz. A princípio, contudo, estava tão hesitante, com tão pouca confiança na minha capacidade, que a roda mal se mexeu, embora eu tivesse a sensação de estar forçando cada músculo do meu corpo.

– Como eu disse, você vai ter de confiar nela – e em si mesmo também. A maior parte dos movimentos que dá para fazer com a roda na verdade fica tanto mais fácil quanto mais rápido você for. É mais fácil controlar e ajustar a roda com um pouco de velocidade; além disso, desse jeito você logo vai acabar exausto.

Dei mais um passo dentro da roda, mas dessa vez sem tentar manter o equilíbrio, jogando o peso para trás; pelo contrário, inclinei-me para a frente e deixei a roda seguir o seu curso. Ao som dos incentivos de Lars, fui rolando a grande roda branca pelo estúdio... e acertei em cheio o paredão dos fundos. Vendo que ia me esborrachar, eu me preparei, segurando firme – e não foi tão ruim assim, afinal. Só acabei caindo de bunda – felizmente, meu atributo menos vulnerável.

– Isso!

– Mas você não viu que eu bati? – perguntei, levantando.

– Claro, é justamente por isso que eu estou aplaudindo! Se não aprender o jeito certo de bater, você não vai aprender mais nada sobre a roda alemã. No começo é assim mesmo, uma batida atrás da outra. Cara, você tinha que ver as minhas manobras animais no palco do *Saltimbanco*, nos meus treinos com a roda. Perdi a conta de quantas vezes saí rolando pela platéia e fui me estabacar na quinta ou sexta fila. O importante é que, depois que eu aprendi a me segurar e ficar dentro da roda, ficava tudo bem. E deixei de ter medo de errar. É aí que a coisa fica boa!

Voltei para a roda, recomecei a girar e descobri que ele tinha toda a razão: em vez de temer a parede à minha frente, comecei a experimentar maneiras de impor a minha vontade à roda, seguindo as regras que a governavam. Inclinando-a um pouco para dentro, dava para equilibrá-la sobre um trilho só. Inclinando-me para a frente, ela acelerava; para trás, reduzia a velocidade e até passava a andar para trás.

– Agora – interveio Lars –, está na hora de você dar um 360. Quando você tiver aprendido a dar um giro completo dentro da roda, não vai haver nada que não possa fazer.

Lars ensinou-me uma série de deslocamentos complexos das mãos e dos pés – segurar num dos trilhos aqui, colocar os pés numa determinada posição acolá – tudo com o intuito de fazer meu corpo dar uma volta completa dentro da roda em movimento, sem acabar entalado nem perder o equilíbrio.

Fui devagar no começo, mas quando comecei a sentir os pontos de equilíbrio e explorá-los, de repente comecei a me mexer com mais fluidez no meio da roda, mesmo com ela em movimento.

– Isso, muito bem! – exclamou Lars. – Não lute contra a roda! Se você ficar do lado dela, ela vai ficar do seu lado também. Assim que se faz! Você pode fazer a força que quiser, mas é muito melhor aprender a jogar com ela e usá-la a seu favor.

Não demorou muito para eu me ver andando para a frente, andando para trás, dando estrelas, fazendo a roda virar para cá e para lá – e tudo isso comigo dando voltas e mais voltas dentro dela. Não que eu tivesse completo domínio da roda, claro. Eu estava há meses ou anos de distância de um tal grau de perícia, e isso se tivesse sorte. Mas não deixava de representar a superação do meu antigo modo de pensar, da minha crença de que qualquer elemento que não estivesse colaborando só poderia ser enfrentado com força bruta. Ao tratar a roda com paciência e confiança e entrar em sintonia com o seu centro de equilíbrio, tornamo-nos aliados, em vez de inimigos.

Era exatamente o que Diane queria que eu aprendesse. Precisamos confiar o suficiente na nossa imaginação, para deixarmos que ela se desdobre nas mais variadas direções – e, se realmente quisermos que as coisas aconteçam, temos de estar dispostos a tomar alguns tombos pelo caminho.

Capítulo seis

As Luzes de Paris

Saia da sua zona de conforto

Com o avião aproximando-se do Aeroporto Charles de Gaulle, deixei-me hipnotizar pelo horizonte iluminado de Paris. A razão da minha ida à capital francesa era assistir à estréia de um dos espetáculos mais antigos do Cirque, *Saltimbanco*. Cari foi comigo, a fim de passar algumas semanas na Cidade da Luz, estudando a arte do trapézio duplo com os gêmeos brasileiros que executavam o número nesse *show*. Estava compreensivelmente nervosa; sem conseguir conciliar o sono, havia passado as últimas horas repassando as informações do material sobre Paris que o Cirque lhe fornecera.

Diane queria me proporcionar a oportunidade de conhecer por dentro a "aldeia nômade" – como ela chamava os espetáculos itinerantes. Na sua opinião, eu só poderia compreender o Cirque em sua essência quando visse como funcionava a vida na estrada – e não havia melhor momento para vivenciar esse aspecto da vida do Cirque que numa estréia numa nova cidade. A montagem do

*Grand Chapiteau** num novo mercado, explicou-me ela, é uma cerimônia no Cirque.

A seu ver, depois de três semanas no Estúdio, imerso na cultura do Cirque, era fundamental que eu testemunhasse como todos aqueles elementos – treinamento e preparação, planejamento e criação, coordenação e cooperação – se integram no dia-a-dia de um espetáculo.

– O Estúdio é um País das Maravilhas assombroso, um lugar onde os nossos artistas aprendem a soltar as rédeas da sua imaginação – comparou ela. – Só que em algum momento eles têm de deixar a segurança do ambiente do Estúdio e viver a realidade às vezes brutal de realizar 375 apresentações por ano. Quando você conhecer um dos nossos espetáculos itinerantes – principalmente o *Saltimbanco* –, vai ver a fantástica troca de energia emocional que acontece entre o artista e o espectador.

– Mas por que o *Saltimbanco*? – eu quis saber.

– Agora ele é o nosso espetáculo mais antigo, mas não perdeu a atualidade. Para manter qualquer *show* em cartaz, precisamos nos perguntar se ele continua relevante, mesmo num mundo em constante mutação. Antes de decidirmos mandar um espetáculo para uma nova cidade ou país, paramos para analisar se ele ainda tem algo a dizer, se ainda é estimulante. Os nossos diretores de criação acham que o *Saltimbanco* continua atendendo a esses critérios; por isso ele voltou à estrada de novo depois do encerramento da sua temporada inicial, em 1997.

Num certo sentido, ela me dissera, *Saltimbanco* era um microcosmo do próprio Cirque du Soleil. Durante a sua concepção, o ponto de partida dos criadores fora a temática da experiência urbana: uma

**Nota da Tradutora*: O *Grand Chapiteau* é a gigantesca tenda climatizada, com capacidade para mais de 2,6 mil espectadores, usada pelo Cirque du Soleil em seus espetáculos itinerantes.

diversidade de culturas que se encontram num misto colorido de personalidades, histórias e música.

– Viajar de cidade em cidade é uma parte crucial da vida do circo – prosseguiu ela. Quase sempre, quando os nossos criadores deixam para trás o conforto do lar é que têm as suas idéias mais originais.

Depois de conhecer uma pequena parte dos três mil funcionários e artistas de mais de quarenta países diferentes que consideravam o Estúdio em Montreal a sua casa, eu estava ansioso por ver como o trabalho de todos convergia na criação de um espetáculo, de uma apresentação. Nas semanas anteriores, eu havia estado com uma série de "guias" do Cirque du Soleil, como Diane os chamava: um monte de artistas, diretores de arte e de criação, alguns dentre as centenas de artesãos, técnicos, recepcionistas e gerentes que ajudavam a orquestrar as inúmeras atividades do Cirque. Treinei com Igor durante semanas, a fim de desenvolver os dotes físicos básicos necessários para executar números acrobáticos básicos, e Lars e Tatiana haviam me ensinado alguns segredos da roda alemã e do trapézio elástico. Conversei com cozinheiros e com gente do departamento comercial, advogados e intérpretes, figurinistas e peruqueiros. Juntos, eles abriram tanto a minha cabeça que eu tinha certeza de que não veria *Saltimbanco* com os mesmos olhos que haviam assistido ao KÀ em Las Vegas meses antes.

Sob certos aspectos, eu nem sequer era a mesma *pessoa* de antes da minha chagada ao Cirque. Algo dentro de mim havia mudado; eu não era mais oprimido por aquela sensação de que o mundo ao meu redor não passava de um *continuum* monótono e inalterável, em que cada dia era tão previsível quanto o dia seguinte. As conversas e experiências que tive haviam me mostrado, pouco a pouco, que todos os dias pulsavam com uma infinitude de possibilidades; eu havia me deixado contaminar por uma empolgação renovada diante das perspectivas que se descortinavam para a minha vida.

Comecei a pôr em dúvida mesmo as coisas mais básicas, que nunca antes eu tinha questionado. Por exemplo, eu ia todos os dias de terno para o trabalho. Por quê? Eu podia perfeitamente me livrar dos velhos ternos e vestir o que bem entendesse, para variar um pouco. Podia mudar a minha maneira de interagir com os meus colegas e clientes. Podia reinventar o meu trabalho – quer eu mudasse ou não de profissão ou de área de atuação. Pensar assim me revigorava. Era uma mudança sutil de perspectiva, mas profundamente real – como se o meu insípido mundo em preto e branco de repente tivesse virado um colorido território tridimensional.

A minha experiência me lembrava uma coisa que Diane tinha me dito sobre um dos espetáculos do Cirque, *Quidam*. O enredo acompanha uma adolescente que anda meio desiludida com o mundo que a cerca. Seu pai, engessado num terno e num chapéu-coco inspirados em Magritte, vai trabalhar todos os dias numa fila de outros homens de negócios que atravessam a vida feito sonâmbulos. Sua mãe olha fixo para a frente, sem nada enxergar. A menina – curiosa, apesar do tédio – anseia por sentir um entusiasmo pela vida que acredita estar muito próximo, em algum lugar. Nessas circunstâncias, ela inventa um ser mágico, Quidam, que não tem cabeça e leva sempre consigo um guarda-chuva. Com a sua ajuda, ela descobre que tudo o que é necessário para transformar o mundo comum numa aventura extraordinária é um bocadinho de imaginação.

E os guias certos, evidentemente. Eu havia aprendido muito com Diane, Igor e todos os outros sobre como me abrir para os estímulos criativos que me cercavam, sobre como correr riscos (não só os grandes riscos, mas também aquelas pequenas oportunidades que nos atravessam o caminho todos os dias e conferem à nossa vida um sentimento de empolgação, de amplitude de possibilidades); aprendi o segredo da confiança – nos amigos, nos colegas, em mim mesmo. Eu via agora com muito mais clareza o imenso poder do trabalho em equipe de verdade, da verdadeira colaboração. Nada me parecia mais fundamental do que criar e fomentar novas idéias.

Um trapezista jamais alçaria vôo sem o trabalho especializado de seus contra-regras e técnicos; uma contorcionista não poderia ajudar o público a embarcar numa viagem pela imaginação sem os maquiadores e figurinistas que ajudaram a reunir o seu personagem e a sua apresentação num casamento colorido. Cada número, cada movimento, cada momento era o apogeu do trabalho de centenas de pessoas.

Cari e eu chegamos ao local onde o Cirque estava instalado no dia seguinte, no gigantesco estacionamento de uma antiga fábrica da Renault. O lugar estava fervilhando de atividade; dava para sentir a energia efervescente que Diane me descrevera. Contra-regras com rodos imensos lavavam os painéis de plástico, removendo a camada de poeira cinza da estrada que os recobria e restaurando-lhes o branco imaculado, tão auspicioso para mais um recomeço. Outros membros da equipe estavam montando barracas para a venda de comida, bebida e suvenires. Vários técnicos empurravam araras repletas de figurinos de cores tão berrantes e variadas quanto as de uma floresta tropical. Eu tinha a sensação de estar no meio de uma versão em Technicolor da construção comunitária de um celeiro *amish*, em que cada um se desincumbia das suas tarefas numa dança cuidadosamente coreografada.

Cari e eu atravessamos a tenda maior, a primeira de duas tendas menores – que fazia as vezes de saguão – e paramos na segunda tenda pequena, que servia de "camarim" para o elenco. Ao som de "Touch of Gray", do Grateful Dead, que saía de um aparelho portátil de som, fiquei olhando os artistas se aquecendo e alongando, fazendo malabarismo, testando a corda bamba e o poste chinês. Um sujeito forte estava sentado, sem camisa, num baú, erguendo um haltere acima da sua cabeça enquanto conversava com um colega. Com seu bigode de pontas viradas, ele podia ter sido transposto, exatamente como estava, de um circo americano do século XIX.

Perguntei a uma mulher montada numa bicicleta onde podia encontrar Maurice Morenz, o diretor artístico do espetáculo. Ela apontou um homem de camisa listrada de vermelho e branco junto a um *trailer*, lá fora, que era a cozinha da trupe – *la cantine*, em francês.

– Maurie-Mo! – chamou. – Visita para você!

Ele nos saudou:

– *Bienvenue, mon ami!*

Momentos depois, Maurice estava apertando a minha mão e cumprimentando Cari com o típico beijo franco-canadense nas duas bochechas; explicou-lhe onde encontrar seu novo treinador e me convidou para um café.

Diane havia me dito que aquele seria o primeiro espetáculo do Cirque em Paris em dezesseis anos. Quando perguntei a Maurice como estava se sentindo, ele admitiu estar nervoso.

– Paris é uma das últimas grandes capitais do mundo que temos de conquistar, e a pressão é enorme. Eles têm aqui uma tradição circense riquíssima, de séculos. Se fizermos uma boa estréia, se eles se abrirem para o espírito do nosso Cirque, creio que vai correr tudo bem. Claro que, por outro lado, se não empolgarmos logo de cara, podemos ter três meses muito longos e solitários pela frente.

Espetáculo: Mystère Número/Personagem: Moha-Samedi Foto: Al Seib Figurinos: Dominique Lemieux © 2000 Cirque du Soleil Inc.

Espetáculo: Mystère Número/Personagem: Oiseau de feu / Firebird Foto: Al Seib Figurinos: Dominique Lemieu ©2000 Cirque du Soleil Inc.

Espetáculo: Mystère Número: Cube aérien / Aerial Cube Foto: Al Seib Figurinos: Dominique Lemieux

Espetáculo: Saltimbanco Número: Bungee Foto: Al Seib Figurinos: Dominique Lemieux

Espetáculo: "O" Número: Nage synchronisée / Synchronized Swimming Foto: Véronique Vial Figurinos: Dominique Lemieux ©1998 Cirque du Soleil Inc

© Cirque du Soleil Inc.

Espetáculo: Quidam   Número: Cordes lisses / Spanish Webs   Foto: Al Seib   Figurinos: Dominique Lemieux   ©2000 Cirque du Soleil Inc.

Espetáculo: Varekai   Número/Personagem: Kamikaze   Foto: Véronique Vial   Figurinos: Eiko Ishioka   ©2002 Cirque du Soleil Inc.

Espetáculo: Varekai Número/Personagem: L'écureuil Foto: Véronique Vial Figurinos: Eiko Ishioka ©2002 Cirque du Soleil Inc.

Espetáculo: Alegria Número: Manipulation Foto: Al Seib Figurinos: Dominique Lemieux ©2001 Cirque du Soleil Inc.

Comentei que sua ansiedade me parecia surpreendente, dada a longevidade do espetáculo e a experiência do elenco.

– *Au contraire*, meu amigo! Enfrentamos nossos medos todos os dias. O fato é que QUEREMOS nos assustar um pouco, a fim de atingirmos os nossos limites e ultrapassá-los. É preciso lançar-se do precipício primeiro, para só então começar a voar. O maior perigo não é fracassar, mas acomodar-se, atingir uma determinada altitude e colocar o show no piloto automático. E Paris é um lugar perfeito para a gente se desacomodar. Talvez com a exceção de Nova York, não me ocorre nenhuma outra cidade em que as expectativas que pesam sobre os artistas sejam tão elevadas.

– E como vocês fazem para evitar o comodismo?

– A gente gosta de misturar o nosso elenco com grupos artísticos que encontramos nas nossas viagens – malabaristas, acrobatas, cuspidores de fogo, músicos, mímicos, marionetistas, escolas de circo, companhias de dança, um cabaré, talvez. Procuramos conhecer grupos artísticos em todas as cidades que visitamos. Se eles têm algo de especial a oferecer, como costuma acontecer na Europa, podemos convidá-los a oferecer uma oficina para os nossos artistas – faz parte do nosso método para propor ao nosso pessoal "desafios" constantes e mantê-los renovados. Também podemos organizar um intercambio: eles nos dão uma oficina e a gente faz outra com eles. Ou os convidamos para um dos nossos espetáculos. Durante a criação do KÀ, trabalhamos com um grupo francês que descobrimos chamado "Les Yamakazi"; foram eles que nos ajudaram a desenvolver o número em que os artistas saltavam de uma pilastra gigante para a outra. Esse grupo também influenciou o estilo de subida nas passarelas que montamos sobre a platéia – o que só vem confirmar que nunca se sabe aonde um encontro ao acaso desses pode levar!

Ninguém sabia disso melhor do que eu; afinal, toda aquela minha jornada fora deflagrada por um encontro ao acaso com Diane. Haveria alguma forma, eu me indagava, de manter-me mais receptivo para tal serendipidade dali por diante? Parte de mim já sabia que a resposta era sim, desde que eu superasse os meus receios, aprendesse a confiar nos outros e compartilhasse as minhas idéias, e corresse riscos.

Maurice me levou para a cozinha da companhia, decorada com mesas coloridas, pintadas pelas pessoas que haviam viajado com a trupe ao longo dos anos – artistas, equipe de apoio e seus filhos – com mapas de suas cidades natais, do Kansas ao Cazaquistão. Fomos até um balcão, repleto de cafés e chás da melhor qualidade e dos mais variados tipos.

Olhando à sua volta, Maurice explicou:

– Estou convencido de que, quanto mais nós oferecermos aos nossos artistas e técnicos, em todos os sentidos, mais eles vão nos dar em troca. A nossa intenção é garantir o conforto dos nossos artistas sob todos os aspectos possíveis, para podermos, por outro lado, deixá-los *desconfortáveis* nas suas idéias – desafiá-los, desestabilizá-los. Quanto mais fazemos isso, mais fundo eles mergulham nos papéis. Sempre que um artista novo chega a um espetáculo que já está na estrada, parece mais um convidado numa festa de arromba – viaja pelo mundo, conhece gente nova, passeia por novas cidades. Mas, depois de um tempo, os mais espertos se dão conta de que seus corpos são ferramentas, que precisam ser afiadas e tratadas com carinho. É aí que eles percebem que os seus papéis são só o ponto de partida, e é o que cada um coloca no personagem que faz a diferença. É como representar Hamlet. Esse papel já foi representado milhares de vezes; mas será que Laurence Olivier encarnou o papel do mesmo jeito que Kenneth Branagh?

Trabalhe com o que você tem

Quando cheguei ao picadeiro, uma das trapezistas, Valesca, estava ensinando a Cari a pegada na barra do trapézio. Apresentei-me ao técnico, Johann, e ficamos assistindo à cena. Ele então me explicou que não eram as habilidades de Cari no trapézio que estavam sendo postas à prova; ainda era cedo demais para isso.

– O trapézio não é uma coisa natural para Cari – comentou, enquanto elas praticavam algumas transições e piruetas básicas. – Antes de mais nada, ela precisa aprender a confiar no trapézio e na sua parceira. Nas suas competições como ginasta, isso nunca foi necessário.

Cari agarrou as mãos da outra gêmea, Julia, que estava pendurada no trapézio pelos joelhos, e as duas começaram a balançá-la, a fim de familiarizar Cari com a sensação do movimento.

– Pode ser preciso muita repetição nos treinos, até tudo ser perfeitamente incorporado pelo atleta – prosseguiu Johann. – Depois que os princípios básicos são absorvidos, as idéias começam a brotar. Valesca e Julia são particularmente ambiciosas – o tipo de artista com que eu mais adoro trabalhar. Como elas querem que o seu número chegue a algum lugar, se esforçam muito para ultrapassar seus próprios limites. Nesses dois anos em que venho trabalhando com elas, implementamos mudanças significativas no roteiro pelo menos umas seis vezes. E todas as vezes a proposta partiu delas, o que facilita muito o meu trabalho.

Claro que de vez em quando elas lhe traziam idéias boas, mas sem notar certas dificuldades que as tornavam inviáveis. Johann, porém, em vez de ir logo mostrando por que aquilo nunca ia dar certo, falava "Vamos ver como a gente pode trabalhar com isto".

– Você não pode simplesmente dizer que "Não, isso aí não vai funcionar". Senão, elas vão acabar desanimando. Para manterem a motivação, elas têm de sentir que as suas idéias e sugestões são levadas a sério. Queremos artistas para quem o céu seja o limite; se a atitude do sujeito for de não fazer mais que a sua obrigação, na verdade ele não estará cumprindo obrigação nenhuma. Afinal, o nosso público está pagando por bem mais do que isso; o que ele quer é sentir a nossa *inspiração*.

Boa parte do seu trabalho, continuou Johann, consistia em descobrir a melhor maneira de lidar com cada artista – o que estava sempre mudando, a cada instante.

– Poucos meses atrás, chamei um dos nossos garotos para uma conversa, porque achei que ele estava precisando de uns toques. Estava começando a se comportar como uma criancinha mimada, gritando com os outros, reclamando de tudo, fazendo tromba por qualquer coisa, mal-humorado. A minha tendência é esperar a garotada mais nova amadurecer por conta própria, mas esse rapaz passou dos limites. Sentei com ele e perguntei o que ele fazia antes de entrar para o Cirque, e o que faria se perdesse o seu emprego aqui; pedi para ele parar de reclamar um pouco e tratar de começar a se divertir mais. No começo, ele ficou meio chocado, pois nunca ninguém tinha questionado o seu comportamento antes – mas captou muito bem a mensagem. Desde então, tenho visto uma tremenda mudança na sua atitude.

O espetáculo, aliás, concluiu ele, também está sempre mudando:

– Sai gente, entra gente, os artistas se machucam – às vezes no meio do palco. Temos de encontrar meios de colocar tudo para funcionar com o que temos. Cada apresentação é um grande quebra-cabeça – mas isso vale para qualquer profissão, não é? O segredo é contar com pessoas capazes de pegar recursos limitados e fazer algo especial.

Johann voltou a atenção para o alto, onde Cari se jogou do trapézio para as mãos estendidas de Valesca sem a menor hesitação. Valesca a agarrou e, depois de um breve vôo pelos ares, soltou-a, para a aterrissagem graciosa de Cari.

– Isso mesmo, Cari. Lindo!

A criação de uma comunidade

Mais tarde, fui me encontrar com um dos palhaços do Cirque que Diane queria que eu conhecesse, Philippe – que ela achava que seria capaz de me explicar, melhor do que qualquer um, como era interagir com as platéias e torná-las parte da experiência criativa.

Quando cheguei no seu camarim, Philippe estava se maquiando, uma base branca com escuras sobrancelhas negras. Com seus sapatos pretos e meias brancas, *short* preto largo e suspensórios, gravata-borboleta e boné vermelho, ele parecia um garotinho super-desenvolvido.

Na verdade, disse-me ele, tinha 35 anos – se bem que não aparentasse ter mais que vinte. Era perfeito para o papel – sobretudo pelo seu rosto, físico e modos infantis – muito embora fosse pelo menos o quinto artista a representá-lo. Maquiou-se tranqüilamente, experimentando uma série de expressões faciais até se dar por satisfeito.

– Se as pessoas perceberem que eu estou com 35 anos, não vão deixar a imaginação correr solta. Vão me ver como um adulto representando, não como um menino brincando. A maior parte do público quer deixar as regras todas para lá, mas precisam de uma ajudinha. Tenho de criar todo um universo imaginário para elas; se eu fizer tudo certo, elas vão mergulhar nessa dimensão paralela comigo.

Philippe estava desempenhando aquele papel em *Saltimbanco* fazia dois anos.

– Herdei o papel de um outro palhaço, chamado Pascal. No começo eu me limitava a imitá-lo, mas a minha personalidade acabou se impondo. Ele era mais cínico que eu, um pouco mais agressivo com a platéia, ao passo que eu sou nitidamente um menino bufão, que fica do lado do público. É o que funciona melhor para mim. Preciso ser um personagem feliz, ou não tem graça.

Ao escolher, antes do começo de cada espetáculo, um espectador para chamar ao palco, explicou ele, a intenção era dar à pessoa (e a todo o público presente), um gostinho do rico mundo imaginário em que vivia aquele menino que ele representava. – Para a maioria das pessoas, já faz muito tempo desde a última vez em que brincaram como crianças! Então eu insisto, muito gentilmente mas com firmeza, em que eles sigam as regras do meu mundo de faz-de-conta. Quero que os meus convidados também se divirtam, quero que sejam os heróis do meu número. Aí, peço baixinho para eles me ajudarem – e geralmente ajudam mesmo. Só que, para isso acontecer, é preciso formar com eles um vínculo de confiança, muita confiança.

Durante toda a minha estadia no Cirque, percebi que a confiança era uma espécie de mantra. Philippe acrescentou:

– Precisa haver também uma sensação de espontaneidade – de que o que o público está vendo hoje à noite é diferente do que vai ser mostrado amanhã. O que está acontecendo aqui, agora, é só para eles; essa é a beleza deste número.

Para transmitir tamanha sinceridade no palco, ele arrematou, é preciso ser sincero na vida.

– É fundamental que a platéia sinta que estamos todos juntos, como uma comunidade, com um sentimento comum de beleza, de alegria. Quando eu me sinto assim, tudo o mais parece estar no lugar.

Atenção aos Detalhes

Diane tinha se desdobrado para marcar para mim um encontro com o sujeito que pegava fogo em "O", já que fora por causa da sua imagem que eu tinha tomado a decisão de olhar o Cirque du Soleil mais de perto. Murray estava em Paris para assistir a estréia de *Saltimbanco* e explorar algumas idéias novas para o seu próprio número. Encontrei-o na tenda principal, assistindo aos ensaios. Minha primeira pergunta foi a mais óbvia:

– Você alguma vez já se queimou durante um espetáculo?

– Como já estou fazendo isso há 25 anos, não dava para evitar uma queimadura aqui, outra ali. Todo bombeiro hidráulico se molha, todo apicultor leva uma picadinha de vez em quando; uso os melhores materiais que posso, os combustíveis, roupas e géis protetores, mas nem com tudo isso deixa de ser perigoso. O recorde mundial para permanecer em chamas é de dois minutos e trinta segundos, e eu pego fogo durante exatos dois minutos e quinze segundos todas as noites. A gente tem de cronometrar o tempo exato, porque um segundo a mais e os materiais derretem.

– E o tempo em que você permanece em chamas no palco passa num piscar de olhos?

– Para dizer a verdade, é o contrário. No palco, o tempo se estica; tudo parece demorar mais. Alguns meros segundos parecem um minuto – e não só para mim, para o público também. Então, eu não saio correndo, ando um pouco de um lado para o outro, o que dá a impressão de que estou pegando fogo há um tempão, quando na realidade não demorou tanto assim. O resto do pessoal se encarrega da função primordial de distrair a platéia com um monte de números acelerados, o que ajuda a distorcer ainda mais a sua percepção de tempo. Parece uma tortura – para quem assiste!

Perguntei como ele havia começado; Murray contou que trabalhava com fogo desde os dezoito anos. No princípio, viajava com seu próprio espetáculo; mais tarde, entrou para outros circos, até que, um dia, foi convidado para participar do *talk-show* de David Letterman na televisão americana.

– Enviei para a produção do programa uma fita de vídeo em que eu fazia malabarismo com objetos em chamas. Eles me ligaram, querendo saber o que mais eu sabia fazer. Bom, eu podia fazer malabarismo e pular, de monociclo, uma corda em chamas. "Sei. E o que mais?", perguntaram. Na época, eu estava trabalhando na criação de um número novo, em que seria todo acorrentado e pularia num tanque cheio d'água, com gasolina em chamas na superfície. Ah, era exatamente o que eles queriam. Só tinha um probleminha: eu nunca tinha feito aquilo, e o programa era dali a uma semana! Avisei que levaria todo o material necessário, mas, se não houvesse as condições de segurança necessárias, eu não faria. Então, a primeira vez que executei o número ao vivo foi no *Letterman*... Ao sair do tanque, meu cabelo se incendiou por um instante – um visual impactante! O Letterman adorou e praticamente me deu carta branca para, sempre que eu tivesse alguma coisa nova, avisar, que eles me chamariam. Foi assim que ainda voltei lá umas cinco ou seis vezes. Depois disso, todos os agentes que tinham fechado a porta na minha cara, alegando que trabalhar com fogo era um beco sem saída, começaram a me telefonar para puxar o meu saco.

– Você deve gostar de brincar com o perigo – comentei.

– Muito pelo contrário! Aceito correr certos riscos com o fogo, mas sempre pequenos e calculados. Só os idiotas não fazem assim. As pessoas de maneira geral acham que eu sou um doido qualquer, desses que topam qualquer negócio – mas nada está mais longe da verdade. No meu trabalho, gosto de controlar tudo o que faço;

qualquer alteração do ambiente pode fazer uma enorme diferença na maneira como o fogo se comporta. Basta uma bobagem qualquer, como alguém abrir uma porta nos bastidores, e um numerozinho engraçado pode, num piscar de olhos, virar um espetáculo aterrorizante.

Murray então contou de quando ia participar de um programa numa emissora regional de televisão e o pessoal da limpeza encerou o palco.

– Perguntei se estava tudo certo para o meu número. Tudo certo, eu podia ficar sossegado. Daí, claro que durante o ensaio o fogo se alastrou pelo chão e eu tive que me virar para apagar. Naquela noite, fiz o espetáculo com o maiooor cuidado, sabendo que, se alguma coisa encostasse naquele chão, ia pegar fogo em tudo.

Por fim, ele arrematou:

– Aprendi a prestar uma extrema atenção aos detalhes – em primeiro lugar, porque a minha vida depende disso, mas também porque assim, a cada vez, o espetáculo varia um pouquinho. Numa noite, fico prestando atenção em como o fogo responde quando mexo o meu braço direito. Na outra, percebo que o jornal queima de um jeito diferente dos meus sapatos. Aconteça o que acontecer, cada noite é como se fosse a primeira vez.

Flexibilidade

Já estava escuro quando deixei a lona. Sabendo o quanto era importante para Diane que eu conhecesse Murray, fiquei pensando em tudo que ele havia me dito – e no quanto havia insistido na importância de controlarmos o nosso ambiente e prestar atenção a detalhes. Por outro lado, eu intuía que alguma outra coisa do que ele falara era ainda mais crucial. Antes que eu pudesse colocar as idéias em ordem, porém, ouvi alguém gritar o meu nome do estacionamento. Era Maurice, que me chamava do seu carro:

– Vamos sair para beber alguma coisa, num lugar onde a gente costuma ir para relaxar um pouco. Quer ir também?

Entrei no carro; alguns quarteirões adiante, paramos em frente a uma verdadeira caixa de tijolos, que mais parecia um armazém que um bar. O prédio não tinha janelas nem uma placa que identificasse o lugar pelo nome. A porta de entrada ficava de tal forma mimetizada com os tijolos da fachada que era praticamente impossível encontrá-la sem um guia.

Lá dentro, ouvi a voz abafada de uma cantora parisiense, misturada às risadas e aos muitos dialetos dos funcionários do Cirque.

– Ah, esses dois caras você tem que conhecer – declarou Maurice, arrastando-me até o bar, onde me apresentou a Eman, um asiático atarracado de longas suíças negras, e Wally, um ruivo alto que falava com sotaque neozelandês. Quando um outro grupo chamou-o de longe para a sua mesa, Maurice pediu-nos licença e foi ao seu encontro.

– Sabe que você me lembra...

– Um Elvis oriental – interrompeu-me Eman. – É, eu sei.

– Todo mundo diz isso para ele – apartou Wally. – Na verdade, acho que ele até gosta, senão já teria mudado esse corte de cabelo horroroso. Muito prazer. Você é novo no Cirque?

– Mais ou menos. Venho treinando em Montreal, mas sou agente esportivo em Chicago. Uma das minhas clientes entrou para o Cirque há poucas semanas. Diane McKee achou que uma imersão na experiência do Cirque poderia me ajudar a trazer novos atletas para a companhia de vocês. Daí eu vim para cá, para descobrir como é a vida na estrada. E vocês, fazem o quê?

– Sou encarregado dos figurinos – explicou Wally – e Eman é diretor artístico e meio que um faz-tudo. Claro que tentar explicar exatamente o que faz qualquer um de nós nunca é muito fácil. É como dizia Mark Twain: analisar o humor é como tentar dissecar um sapo. É possível, mas o sapo tende a morrer no processo. A maior parte do tempo, a gente simplesmente dá um duro danado. Quem fica esperando que a sua musa lhe caia no colo para lhe trazer inspiração pode acabar esperando o dia inteiro e não ter nada para mostrar depois. O cartunista Al Hirschfield diz o seguinte: "Todo mundo é criativo e talentoso, mas acho que nem todos são disciplinados".

– Segundo a Diane, você costuma ter algumas das suas melhores idéias na estrada – comentei.

– Às vezes, sim – confirmou Eman. – Viemos para Paris não só para assistir à estréia de *Saltimbanco*, mas também para beber na fonte da energia artística da Cidade das Luzes.

– A figurinista de "O", o nosso espetáculo aquático em Las Vegas, foi a Veneza para se inspirar – acrescentou Wally. – Ela queria ver como a água refletia os ciclos da vida, o que acabou se tornando um tema central do show.

– E o que mais inspira vocês?

– Problemas. Quando fica tudo fácil demais, me enjoa. Sem nenhum problema para enfrentar, faço o que já era esperado, em vez de alguma coisa *empolgante*.

– Falar em problemas me lembra sempre do "O"! – comentou Eman, revirando seus olhos de Elvis.

– É verdade. Nenhum outro espetáculo nosso foi tão complicado de fazer. Mas também a gente fala isso de *todos* eles. Estamos sempre inventando, sempre experimentando coisas novas, audaciosas. Se é um novo espetáculo, não dá para fazer as coisas do mesmo jeito que já foram feitas antes. De qualquer maneira, no caso de "O" isso foi particularmente verdade, por ter sido nosso primeiro show aquático.

– Claro que não queríamos que as dificuldades nos impedissem de fazer o que queríamos. Não era para a água ser pesada, era para ser leve, divertida, *maleável*. O que o público vê são as pessoas mergulhando, saltando da água, até caminhando sobre ela! Entretanto, foi preciso pesquisar muito para tudo isso acontecer.

– Vou dar um exemplo do meu próprio trabalho – disse Wally. – Os criadores queriam figurinos exóticos, de cores fora do comum – só que eles são imersos em água clorada duas vezes por noite! Então, tivemos de encontrar novos materiais, novos corantes, novas maquiagens à prova d'água para dar tudo certo. Praticamente cada detalhe desse show começou com uma conversa com alguém de fora do nosso departamento. O técnico queria um tecido que ficasse bem solto, mesmo molhado; o diretor queria uma roupa que parecesse uma zebra e outra que lembrasse uma lua. Fosse o que fosse, a gente teria que dar um jeito. E eu adoro isso! A pior coisa que podem fazer comigo é me entregar uma folha em branco e me mandar criar uma coisa qualquer. Não sou estilista, sou costureiro. O que eu gosto é de pegar as idéias dos outros e puxar daqui, esticar dali e mostrar mais do que estavam esperando. Não consigo compreender aquelas pessoas que falam que "não é atribuição minha ser criativo". Isso só depõe contra elas mesmas.

– O seu trabalho é você quem faz – interrompeu Eman. – Uma funcionária nossa trabalhou com a gente como recepcionista durante cinco anos. Só que ela também era musicista; aí, quando estávamos desenvolvendo um espetáculo em que haveria necessidade de instrumentos clássicos muito específicos, ela fez o teste e ganhou o papel! Hoje, ela viaja com a nossa trupe itinerante.

– O Cirque atrai aquele tipo de pessoas que vão além do que se espera delas. No caso dos figurinos de "O", nossa equipe teve de criar novos materiais, que secassem mais rápido, esticassem mais e demorassem mais para desbotar. Por outro lado, eles também precisavam parecer mais finos e elásticos do que qualquer tecido conhecido – mais como a pele de uma foca ou lontra do que alguma coisa fabricada pelo homem. Em vez de tentarmos adaptar os figurinos que já tínhamos à água, resolvemos criar algo novo e melhor!

– Você já ouviu falar em Buckminster Fuller? – indagou-me Wally, sem que eu entendesse aonde ele queria chegar.

– Mas será que você não conhece nenhum filósofo asiático? – esbravejou Eman.

Wally riu.

– Fuller dizia que, quando começava a criar alguma coisa para resolver um determinado problema, seu objetivo não era criar nada belo. No entanto, se o produto final não saísse bonito, ele sabia que estava faltando alguma coisa. Com a gente, é a mesma coisa. O nosso ponto de partida é tentar evitar um desastre – mas, no fim, se não criamos uma coisa especial, é porque ainda precisamos dar mais tratos à bola. Os nossos figurinos de "O" surgiram porque tínhamos um problema para resolver.

– Antes de "O", a gente não sabia absolutamente nada sobre água. Foi uma lição de humildade. Precisamos começar do zero.

– Parece que cada espetáculo traz os seus próprios desafios. Em *Varekai*, o diretor queria que uma das personagens principais vestisse um tubo, que se transformaria numa lagarta, e que o figurino tivesse mangas cheias de espinhos. Ele só não estava levando em consideração o fato de que os nossos artistas precisam se mexer – e como! Então, eu tinha dois problemas para resolver: fazer mangas espinhentas que fossem bastante flexíveis.

Wally então contou que havia começado com uma malha elástica e transparente, à qual acrescentou pedaços de plástico que criassem o efeito de braços espinhosos.

– Essa minha primeira tentativa foi um pesadelo. Ficou desajeitada demais, a artista não tinha a menor condição de fazer o número. A segunda ficou parecendo um dragão asiático. Eu não conseguia tirar aquilo da minha cabeça – até que, uma noite, na hora de dormir, me deu um estalo. Era só acrescentar umas asas com uma estrutura plástica, de modo que elas transformassem a artista sem interferir nos seus movimentos. Fluido, flexível e forte ao mesmo tempo.

No dia seguinte, Wally começou a trabalhar mais cedo, para colocar logo as mãos na massa. Mal podia esperar para ver se funcionaria. Primeiro, criou um modelo, que voou bem.

– Então, fiz um protótipo em tamanho natural e fui mostrar para uma colega minha, Tai, que achou legal mas disse que ainda não era bem aquilo. Aí, fizemos um brainstorm, tentando prever os possíveis problemas – esse é complicado demais de fazer, esse outro vai acabar rasgando, aquele, então, não vai durar nada. As faíscas começaram a saltar na mesma hora, claro; às vezes eu e Tai temos perspectivas muito diferentes sobre as coisas. Na verdade, é proposital; o Cirque faz questão de reunir pessoas de formações distintas, com personalidades diversas, na expectativa de que as suas criações sejam ainda mais originais. Com uma colega como a Tai, sei que não estou sozinho – e, juntos, chegamos à melhor solução.

Aprendendo a confiar

Quando cheguei ao local do Cirque na noite seguinte, o elenco estava meio ansioso. Na tenda que abrigava seus camarins, os artistas se alongavam, repassavam em silêncio os seus números e cuidavam da maquiagem.

Iniciado o espetáculo, fiquei estupefato com a música, uma fusão de estilos os mais variados, de percussão argentina a ópera. Johann havia conversado comigo a respeito na véspera:

– Ao criar a música, foi um grande desafio para o compositor traduzir o tema da vida urbana na trilha sonora. Então, ele procurou imaginar como seria se alguém atravessasse uma cidade como Nova York de carro, com as janelas abertas: a pessoa ouviria de tudo, de rock a música clássica, passando por ritmos africanos. Foi isso que ele tentou capturar, os diversos sons da vida urbana numa cidade cosmopolita.

Os tambores mudaram o tempo e começou o primeiro ato. Eu tinha visto os três primeiros artistas – um homem, uma mulher e um menino – ensaiando no dia anterior. O garotinho era filho do casal.

– Um dia, quando ele era bem pequeno – Johann havia me contado –, perguntou à mãe: "Por que todo mundo aqui trabalha, menos eu?"

O número terminava com uma grande carga dramática: o pai ninava docemente o filho, cujos braços e pernas ficavam enroscados como um *pretzel*, formando um grande nó acima da sua cabeça. Ao deixarem o centro do palco, o palhaço Philippe tomou seu lugar, escolheu um espectador e conduziu-o, entre mesuras e lisonjas, por uma porta imaginária. O sujeito agradeceu, inclinando-se para passar pelo retângulo imaginário que Philippe havia desenhado no ar e deixando seu mundo para trás.

Ao sair do palco, Philippe foi conferir sua maquiagem e, poucos minutos depois, veio me cumprimentar, com um aceno de mão. Parabenizei-o pelos calorosos aplausos da platéia.

– Obrigado... mas aquilo foi para o meu convidado, não para mim. Não que estivessem aplaudindo a habilidade dele, mas sim a sua coragem por se deixar levar e confiar em mim na frente daquela multidão. Na verdade, ele fez o que todos nós temos de fazer para sermos criativos, para sobreviver: abaixou a guarda e mergulhou de cabeça!

– Como você faz para escolher os seus voluntários?

– É uma boa pergunta. Não é ao acaso. Na abertura do espetáculo, coloco outro figurino, outra máscara, vou para o meio do público e tento "ler" cada um. Nesse trabalho, a gente aprende a importância de prestar atenção à linguagem corporal. A opção mais segura é escolher alguém de ar simpático mas tímido, e quase sempre a pessoa vai entrar na brincadeira. Mas, se eu estiver disposto a correr um risco, posso tentar um cara maior, mais forte, barbudo, que se sente com os braços cruzados, mantendo o mundo à distância. Como agora, por exemplo: estou autoconfiante, então fico a fim de me arriscar um pouco.

– E se ele não aceitar?

Philippe abriu um largo sorriso e exclamou: "Isso é o que nós vamos ver!" – e, sem mais, bateu palmas e pulou no palco, para abrir o segundo ato. Foi percorrendo os corredores, ouvindo a reação da platéia a cada vez que ele reduzia a velocidade perto de uma pessoa aqui, outra ali, dando a impressão de que ia arrastar esta ou aquela para o palco. Por fim, Philippe estacou diante de um espectador corpulento, de seus cinqüenta anos, e lançou-lhe um olhar obsequioso. A multidão deu uma gargalhada – mas claro que todos pressentiram problemas, pela cara amarrada do sujeito. Sem se deixar abater, Philippe gesticulou, tentando convencê-lo a levantar. Em seguida, experimentou algo mais simples – apertos de mão e acenos.

O camarada, entretanto, continuou de braços cruzados e cenho franzido, impassível diante das tentativas do palhaço. Este, em vez de aparentar decepção, pediu então à platéia, por meio de gestos, uma grande salva de palmas e deu em seu convidado um abraço caloroso, quase infantil.

Philippe não demorou a encontrar outro voluntário – que, dessa vez, aceitou alegremente o revólver imaginário que Philippe lhe entregava, e os dois encenaram um verdadeiro duelo de faroeste de pastelão. Percorri o público com os olhos e constatei que não eram só as crianças que estavam se divertindo; todos os presentes tinham um sorriso estampado no rosto – inclusive o grandalhão que não se rendera a Philippe.

Depois que Philippe deixou o palco, *Saltimbanco* entrou no seu crescendo final. A cantora, de adorno emplumado na cabeça e vestido cintilante, entoou a ária operística do espetáculo – e quatro trapezistas, de figurinos brancos como pombas da paz, vieram postar-se no centro do palco. Presos às cordas elásticas, puseram-se a rodopiar e voar pelos ares numa dança serena. Meus olhos alternavam entre suas piruetas aéreas e a legião de criaturas que cabriolavam pelo palco. *Saltimbanco*, ocorreu-me então, não era uma história só, mas várias. A qualquer momento do espetáculo, se eu desviasse o olhar do centro do oceano, deparava-me com outras histórias, que se desenrolavam em paralelo – um reflexo, nesse sentido, da experiência que eu vinha tendo no Cirque: cada pessoa que eu conhecia não passava de uma nota dentro de uma grande sinfonia, mas era absolutamente imprescindível.

Depois que o espetáculo chegou ao fim, o elenco todo saiu para fazer uma mesura, desfrutando de sua merecida ovação de pé, e todos tiraram as máscaras – um momento de grande emoção, que permitiu ao público estabelecer com eles um elo num outro nível.

– Adoro quando saímos para o bis – Philippe me confidenciou, enquanto ele e os demais se enfileiravam nos bastidores. – Quando tiramos as nossas máscaras e chapéus, revelamos as nossas almas, a nossa humanidade; mostramos aos espectadores que, na verdade, somos iguais a eles. E, se a gente consegue fazer essas coisas, eles também podem.

– Pena que aquele primeiro cara que você abordou tenha sido tão difícil – lamentei, referindo-me ao seu número no segundo ato.

– Que nada... graças a ele, a noite foi especial. Ele mostrou à platéia que o show é de verdade, que não é tudo ensaiado, que nós nos arriscamos. É disso que as pessoas gostam. Quando o menino-palhaço abraça o grandalhão e sai todo triste para procurar outro voluntário, é bonito. A vida é assim mesmo! Nunca me arrependo quando tento alguma coisa que não dá certo, mas sim daquilo que nem chego a tentar, por medo ou por não querer sair da minha zona de segurança. O público pode tirar uma lição dessa história: aquele primeiro sujeito não quis confiar em mim; basicamente, a sua mensagem para mim foi que eu não conseguiria fazê-lo de bobo. Só que quem eu queria fazer de bobo não era ele, era *eu mesmo* – e só precisava que ele me ajudasse. Já o segundo superou os seus medos; em vez de se preocupar com os que as pessoas iam pensar, ele confiou em mim – e virou um herói.

Com um sorriso, Philippe concluiu:

– Para viver a vida em toda a sua plenitude, é preciso confiar.

No dia seguinte, voltei ao Aeroporto Charles de Gaulle, pronto para voltar para Chicago. Minha aventura no Cirque estava chegando ao fim. Graças a tudo o que eu havia visto, ouvido e vivido, tinha a certeza de que passaria a viver a minha vida de maneira mais criativa. Entretanto, eu sabia que Diane não queria apenas que eu encarasse as minhas atribuições com outra atitude, com um conjunto de novas ferramentas. Sua intenção era me inspirar a sentir o meu trabalho como uma vocação outra vez. Enquanto esperava o pessoal da segurança do aeroporto verificar a minha bagagem, lembrei que Diane havia me dito uma frase que um dos cenógrafos de *Quidam*, espetáculo cujo cenário sugere uma estação de trem, tinha sempre em mente: "A gente pode escolher qual trem vai pegar; a gente pode mudar a direção da nossa vida". Foi aí que ficou claro para mim por que ela havia insistido tanto em que eu conversasse com Murray – aquele que se incendiava. Só depois que ele apareceu na televisão os agentes começaram a procurá-lo. Se eles se dispusessem a conversar com novos clientes *antes* que estes chegassem às manchetes, suas chances de representá-los seriam muito maiores. Será que eu tinha caído no mesmo padrão? Será que tinha perdido a capacidade de identificar atletas de talento antes que eles despontassem para o estrelato?

Agora eu sabia o que precisava fazer para recuperar a paixão, para reencontrar minha centelha criativa. Era tudo uma questão de voltar às origens.

Epílogo

Em Busca da Pérola Interior

O lugar de mentor

Voltei a Las Vegas alguns meses depois. Cari fora convidada a representar, durante algumas semanas, um dos personagens de KÀ, e fui assistir à sua estréia.

Na minha primeira noite na cidade, véspera da estréia de Cari, ganhei de Diane um ingresso para *Mystère*, o primeiro espetáculo residente do Cirque em Las Vegas. Ao subir pelo corredor acarpetado do teatro, veio ao meu encontro um senhor muito ansioso por dar uma olhada no meu ingresso. Parecia um cientista louco e excêntrico com seus tênis pretos de cano alto e traje de gala escuro, o cabelo entremeado de fios brancos todo arrepiado dos lados. Fez questão de acompanhar-me até o meu lugar – e de transformá-lo num grande evento. Depois de me acomodar, pegou de surpresa a senhora sentada ao meu lado, conduzindo-a pelo braço até o outro lado da platéia. O público delirava.

Ela passou a ser parte do espetáculo.

Nosso palhaço-lanterninha continuou com a suas estripulias. Depois de examinar atentamente os ingressos de um casal, pediu que o homem segurasse sua lanterna e simplesmente rasgou os bilhetes; outro casal foi induzido a uma tentativa absurda de chegar aos seus lugares cortando caminho por cima das poltronas, em vez de pelos corredores; ele ainda derrubou um sujeito no chão e ocupou o seu lugar; guiou espectadores que de nada desconfiavam em trajetos labirínticos por toda a platéia, antes de finalmente deixá-los no lado do teatro mais distante possível de seu ponto de partida; e não parava de derrubar pipoca em si mesmo e nos espectadores.

Suas palhaçadas renderam boas gargalhadas, claro – mas, mais importante, ele criou um vínculo com a platéia, tornando-a cúmplice das suas piadas, derrubando as barreiras entre artistas e público, antes mesmo do início do espetáculo. Diane havia me explicado, meses antes, o quanto aquele personagem farsesco era crucial para o enredo de *Mystère*. Aquele lanterninha travesso e meio atrevido era uma espécie de Caronte, relegado para sempre a um limbo entre o mundo real e o universo do palco. Para penetrar de verdade no mundo da imaginação, é preciso primeiro ceder às suas brincadeiras; só então cada qual vai conseguir encontrar a sua própria via de acesso.

O espetáculo em si foi, como era de se esperar, deslumbrante – e ainda mais porque eu havia praticado alguns daqueles números. Ao ver seis acrobatas voando nos trapézios elásticos como fênices, tive a sensação de estar revivendo um sonho.

Depois do show, peguei um táxi e fui para o Bellagio Hotel me encontrar com Diane, que estava em Las Vegas desenvolvendo um número novo. Ela e alguns artistas do Cirque haviam marcado uma reunião no teatro de "O", após a primeira sessão da noite.

Quando entrei, eu e Diane demos um grande abraço. Seus olhos estavam faiscando; ela parecia carregar a atmosfera de eletricidade. O que me surpreendeu, porém, foi o quanto ela pareceu encantada por me ver; algo nos meus próprios olhos havia obviamente chamado a sua atenção, e ela mostrava estar gostando do que via.

– Você está parecendo tão desperto, tão atento a tudo o que o cerca... e andou perdendo peso, não foi?

– Bom, você também está radiante – repliquei, pegando as suas mãos. – E é verdade, perdi peso. De uma maneira geral, estou me sentindo muito mais alerta nos últimos tempos. Graças a você – completei, inclinando ligeiramente a cabeça, num gesto de gratidão. – Foi você que fez tudo isso acontecer, que abriu para mim todas essas portas no Cirque.

– Pode ser. Mas o caminho que você percorreu, o seu empenho – isso lhe pertence. Fico feliz por ter podido abrir algumas portas. Mas você viu o número de Philippe em *Saltimbanco*. Ele pode desenhar aquela porta no ar, mas, se o espectador não tiver a coragem de passar, não faria a menor diferença se Philippe tivesse desenhado um muro. E não precisa me agradecer. Para mim, já é mais que gratificante ver você realizando todo o seu potencial.

A minha vida havia se transformado sob inúmeros aspectos, grandes e pequenos, desde que eu ultrapassara aquelas sete portas no teatro do KÀ. Eu continuava morando em Chicago, ainda trabalhava na agência, mas aí acabavam as semelhanças entre a minha vida antiga e a nova. Quando voltei, renovado, Alan me ofereceu a oportunidade de assumir os nossos dois maiores clientes: o vencedor do troféu Heisman* do ano anterior e o armador da equipe da NBA, que era a favorita a vencer os *play-offs* daquele ano. Alan explicou-me que queria que eu participasse mais da vida da empresa. No entanto, recusei a oferta, mas lhe garanti que tudo o que queria era

**Nota do Tradutor:* Prêmio concedido pela imprensa esportiva dos Estados Unidos aos melhores jogadores universitários de futebol americano.

exatamente aumentar a minha presença na agência – só que de outra forma. Propus então a criação de uma Divisão de Novos Talentos, a ser dirigida por mim, cuja atribuição seria justamente voltar ao que eu mais gostava de fazer: ir a colégios e universidades, no meio do nada, e apostar em garotos em quem ninguém tinha ouvido falar. Alan adorou a idéia. Meu foco passou a ser orientar e moldar as carreiras dos nossos clientes mais jovens, um trabalho que chamava muito menos a atenção, mas era infinitamente mais gratificante. Para mim, era muito mais interessante e despertava muito mais a minha criatividade encontrar meios de transformar um jovem desconhecido numa celebridade do que limitar-me a negociar contratos de patrocínio para o último ídolo do Super Bowl. Em vez de preocupar-me com o retorno financeiro de curto prazo, eu estava ajudando os meus mais novos clientes a estabelecerem metas de longo prazo para suas vidas profissionais. Apoiar uma promessa do hóquei no gelo ou um jovem ginasta em ascensão era muito mais difícil – no sentido de arriscado; claro que joguei algumas bolas fora, mas também fui brindado com alguns surpreendentes casos de sucesso. Ademais, minha antiga divisão estava sendo bem administrada pelos meus antigos subordinados, o que lhes deu a oportunidade de se aprimorarem e conquistarem cargos mais elevados.

Voltei a sentir paixão pelo meu trabalho. Agora como mentor dos agentes mais novos, ajudei a fomentar uma atmosfera de colaboração – com o bem-vindo efeito colateral do florescimento dos negócios.

Também a vida fora do escritório havia dado uma reviravolta para melhor. Comecei a nadar depois do trabalho, e na natação conheci uma mulher da minha idade com quem comecei a namorar. Ainda vou de vez em quando a Montreal, onde procuro identificar, junto com Diane e o resto do pessoal, atletas promissores para o Cirque du Soleil.

A vida é bela.

Conduzindo-me em meio à multidão ali reunida, Diane me disse:

– Quero que você conheça uma pessoa que está aqui hoje. Ela também vem se empenhando muito e superou obstáculos tremendos para chegar aonde está agora. É uma nadadora – creio que a primeira que você vai conhecer aqui no Cirque, se não me engano. Mas não é só isso que vocês têm em comum; como você, Karine viu as escolhas que fez – e algumas delas não foram nada fáceis – mudarem sua vida por completo.

Curioso, segui-a até o camarim, onde uma mulher, alta, linda, com longos cabelos cor de areia e com um vestidinho de alça veio na nossa direção, segurando um bebê no colo.

– Esta é a Karine – apresentou Diane. – E *esta* – acrescentou, inclinando-se para fazer uma festa na neném – é a Cherie. *Bonjour*, Cherie!

Karine fora criada em Montreal, onde, aos dez anos, idolatrava a campeã olímpica romena Nadia Comaneci.

– Meu sonho era ser ginasta, mas logo ficou óbvio que eu era alta demais. Eu era trinta centímetros mais alta que as meninas da minha idade! Mas, como eu adorava aquilo, insisti. Depois dos nossos treinos, eu ia para a piscina e ficava lá uma hora, esperando a minha mãe ir me buscar. Como era alta e forte, nadava muito rápido – e acabei chamando a atenção de um dos treinadores, que me convidou para ingressar na sua equipe. No início, foi ótimo. Comecei a ganhar competições a torto e a direito; cheguei a deixar a ginástica de lado. Só que, depois que toda aquela atenção deixou de ser novidade, dar centenas de voltas na piscina, de manhã e de noite, acabou virando um fardo.

Por volta dessa época, Karine começou a chegar mais cedo para os treinos noturnos, a fim de assistir ao treinamento da equipe de nado sincronizado – e ficou fascinada. O esporte estava começando a se firmar e pareceu-lhe a combinação perfeita do que ela sabia fazer, nadar, e do que queria fazer, a ginástica – e ela logo se juntou ao grupo.

– O que a natação tinha de trabalhosa, o nado sincronizado tinha de divertido – ela comparou. – Eu gostava da liberdade que me proporcionava. A gente não ficava restrita a uma raia, a ficar indo e vindo feito robôs; desenhávamos formas, girando para cá, rodando para lá, trabalhando juntas para criar algo bonito.

Karine não demorou a perder o desejo de competir.

– Quando eu disse ao meu treinador que ia trocar a equipe de natação pela de nado sincronizado, ele ficou estupefato – e magoado. Foi muito difícil para mim, porque ele tinha sido um ótimo técnico: exigente, mas cuidadoso. Todo mundo me achou doida; só que, às vezes, a gente tem que dar uma virada dessas, mesmo. Assim que assumi o nado sincronizado, tive a certeza de que era o melhor para mim. Eu não me destacava tanto, mas minha paixão era tamanha que eu logo comecei a melhorar. Dois anos depois, cheguei à seleção, e, com as Olimpíadas de 92 se aproximando, fui escolhida para competir na categoria individual. Acabei chegando à conclusão de que precisava melhorar um pouco a minha braçada para a posição que me deram, e pedi ajuda ao meu antigo treinador. Afinal, ele tinha me ensinado a nadar, merecia estar do meu lado nesse momento. Era um sujeito muito intenso, mas ficou com os olhos cheios d'água! Aliás, eu também.

Durante a preparação para as Olimpíadas de 92, sua vida não podia estar melhor: estava com 26 anos, tinha a chance de ganhar uma medalha individual para o seu país e havia ficado noiva de um conhecido locutor esportivo. Os dois iam juntos para as Olimpíadas; formavam um casal perfeito.

Karine fez uma pausa para lançar à sua filha tão pequenina um olhar melancólico. Por fim, ergueu os olhos e acrescentou, sem vacilar:

– Marc morreu inesperadamente, faltando um mês para as Olimpíadas. Hoje, acredito que todos temos escolha, a cada dia. Eu podia escolher como responder ao que aconteceu. Fiquei triste, arrasada, destruída, mas ainda podia escolher. Uma semana depois da sua morte, tomei uma decisão: *a vida continua. Eu vou à Olimpíada.*

Ouvindo essas palavras de Karine, olhei para Diane. Eu nunca lhe dissera nada a respeito do meu amigo Mike, e nada no seu olhar indicava que ela tivesse conhecimento de como algumas das decisões que tinham me levado ao Cirque haviam sido motivadas pela minha própria perda. Não obstante, suponho que, depois de tanto tempo no Cirque, ela aprendeu não só a reconhecer almas perdidas, mas também exatamente como ajudá-las a se reencontrarem.

– Minha preocupação nem era ganhar nada – prosseguiu Karine. – O importante era eu ir. Nem sei como, mas consegui juntar forças e ganhar a medalha de ouro. Mas o meu calvário ainda não tinha terminado. Devido a um erro de julgamento, tiraram a minha medalha, e ainda tive de esperar um ano antes de recebê-la de volta. Nas Olimpíadas de 96, surpreendemos todo mundo e conquistamos a medalha de prata por equipes. O que me importava, quando subi no pódio, foi que eu estava com as minhas colegas. Eu ainda fazia parte do grupo, não tinha desistido. Foram todos os desafios que já enfrentei que fizeram de mim o que sou hoje.

Ela me encarou e novamente baixou os olhos para a filha.

– Nas Olimpíadas, ainda descobri mais uma coisa: na verdade, não gosto tanto assim de competir. Não era isso que me levava a estar com a minha equipe todos os dias. Eu gosto é de fazer parte de um grupo, de praticar uma atividade, fazer algo que seja belo e original. Foi isso que me trouxe para o Cirque du Soleil. Os nossos espetáculos não têm nada a ver com ser melhor do que aquele que está do nosso lado; o objetivo é ver onde o horizonte está e buscá-lo. Foi por *isso* também que para mim foi tão bom, tão natural, passar de atleta a técnica – embora, para falar a verdade, eu me considere mais uma professora.

Existe uma diferença entre desejar competir e querer participar, ponderou ela, como existe uma diferença entre uma atleta e uma artista; e, agora, ela estava aprendendo a diferença entre uma treinadora e uma professora.

– Para mim, o técnico é responsável pela motivação da equipe como um todo. Eu posso fazer um discurso para motivar uma multidão de mil pessoas, mas o que mais adoro são as interações mais pessoais. Para mim, ensinar é isto: trabalhar cara a cara, um a um, ajudar a pessoa a aprimorar a sua técnica, a compreender quem ela é. No Cirque, precisamos comover o público todas as noites. Para isso, cada um tem de encontrar aquela pequena pérola que guarda dentro de si e ofertá-la à platéia. Ao ensinar alguém, nós o ajudamos a encontrar essa pérola – e, quando vejo que o artista a encontrou e a compartilha com os espectadores, sinto que realizei algo.

Karine continuou com a comparação:

– Pense só em como as pérolas se formam: a partir de um grão de areia, de um agente irritante. Tudo aquilo de que eu gosto em mim hoje nasceu de um grão de areia. Ser alta demais para a ginástica, a transição para o nado sincronizado, a perda do meu noivo. Cada um desses acontecimentos envolveu suas próprias dificuldades, mas a cada vez eu tomei a decisão de seguir em frente, de usá-las para melhorar. Esses grãos de areia existem na vida de todo mundo; é preciso cultivá-los, transformá-los em algo belo. Durante algum tempo, trabalhei com os gêmeos do trapézio duplo de "O". Eu vivia dizendo para eles que não queria ver o trapézio, e sim os artistas, assim como ninguém quer ver a água numa apresentação de nado sincronizado, nem um martelo quando se olha para um móvel bem feito, nem a paleta de tinta quando se admira um quadro. Quero que os nossos artistas sejam leves, que sejam livres – mas, para isso, eles têm de encontrar a tal pérola que guardam no seu interior.

Quando se é um atleta, ela observou, os técnicos exigem obediência, e os juízes avaliam se ele se saiu bem ou mal, de acordo com os seus parâmetros de certo e errado. No Cirque é diferente: a ordem é que cada artista seja ele mesmo.

– É por isso que eu amo o que faço; mesmo envolvida com todos, dedico um tempo a cada artista individualmente. Aliás, nem considero isto um trabalho; para mim, é uma experiência de crescimento. Claro que a gente também se estressa e de vez em quando reclama. Mas adoramos o nosso trabalho; somos pagos para fazer as pessoas sonharem, alçarem vôo, fugirem um pouco. Às vezes, quando assisto ao show, gosto de ouvir os espectadores e, quando o espetáculo acaba, pergunto o que eles acharam. Quando me respondem "Ah, não me pergunte agora, estou emocionado demais" – é esse o sentimento que queremos provocar.

Por fim, Karine arrematou:

– No Cirque existem regras, mas, das 19h30 às 21h e das 22h30 à meia-noite, a nossa função é tocar as pessoas. Minha filha mais velha, Celeste, é um bom exemplo: antigamente, tinha medo de maquiagem e gente fantasiada, até que o Lagarto de *Mystère* uma noite chegou perto da gente, na primeira fila, sussurrou "Não tenha medo!" e piscou para ela. Agora, ela adora isso tudo! Adora Gerard, o nosso palhaço-lanterninha, porque ele joga pipoca para todos os lados, e vive me dizendo que um dia ainda vai ter um show só dela, em que vai ser uma palhaça de narigão cor-de-rosa. Na hora do jantar, à mesa, ela gosta de fazer uma gangorra com um garfo e uma colher e fica ensaiando: "*Mesdames et messieurs*, senhoras e senhores, sejam bem-vindos ao Cirque du Soleil!"... A gente tem de passar a maior parte da vida engaiolada e cantar a mesma música o dia inteiro, todos os dias. Mas a vida não é para ser vivida em gaiolas, é para voar.

Retribuição

Na noite seguinte, Cari fez a sua estréia no KÀ. Ao voltar ao grande teatro, percebi que meu círculo havia finalmente se fechado. Viajei pelo mundo todo para acabar voltando ao lugar onde tudo havia começado.

Cari fazia o papel de um dos arqueiros que fazem acrobacias em meio à platéia antes do início do espetáculo; estava agitadíssima diante da perspectiva de aplicar suas falsas tatuagens de hena e vestir o figurino. Como usaria uma máscara que cobriria a parte de baixo do seu rosto, imaginei que não daria para reconhecê-la; contudo, olhando bem os guerreiros, um por um, ao subirem nas passarelas do teatro, eu poderia jurar que vi um deles piscar para mim.

Nos bastidores, depois da apresentação, Diane disse-me que havia uma última pessoa que ela queria me apresentar. Segui-a pelo longo corredor do teatro, onde encontramos uma mulher esguia e elegante, vestida com um terninho vermelho vivo, que Diane me apresentou como Monique, técnica dos contorcionistas de "O".

– É um prazer – cumprimentei-a.

Diane pediu que ela me contasse sobre como fora parar no Cirque.

– Na Mongólia – começou Monique, num inglês ligeiramente hesitante –, toda família quer que filha seja contorcionista. Quando meninas nascem, primeiro testam flexibilidade! Fora futebol, contorcionismo é nosso único esporte internacional de verdade.

Diane interveio:

– É uma das poucas maneiras que uma garota tem de deixar a sua aldeia, onde raramente chegam utensílios e conveniências modernos.

Muitas meninas se empenham ao máximo para serem contorcionistas, prosseguiu Monique, pois todas querem ser as melhores. Ela precisou dar o melhor de si.

– Nossos técnicos nunca gritam – e nem precisam. São capazes de demonstrar sua irritação com um olho só! Trabalham com crianças desde pequenas, e passam muito tempo com elas. São grandes incentivadores e nos acompanham com muito amor. Com nove anos, eu sabia que esse seria meu futuro. Aos onze anos fui para circo e aplauso público. No circo aprendi mais, não somente sobre contorcionismo, mas a respeito da arte da apresentação. Meu treinador falava para nunca pensar que era só um truque. O público quer espetáculo, quer ver a pessoa, o ARTISTA.

– E como foi que você chegou ao Cirque? – perguntei.

– Ah, viagem muito comprida! Mongólia era comunista. Não dava para ir muito longe. Quando Muro caiu, para nós foi como sonho. Entrei para circo alemão. No circo tradicional na Mongólia não trabalhamos nunca com coreografia. Mas o Cirque é como teatro. Também quero trabalhar assim, mas estava ficando velha – trinta anos já é velha para contorcionismo! Liguei para Diane, marcamos encontro e gostaram de mim. Tenho que falar verdade – eles não acreditaram na minha idade! Mas mostrei o que sabia fazer, e eles me chamaram. Continuo me apresentando de vez em quando, mas hoje trabalho mais como técnica. Aprendi muito no Cirque. Hoje, ensino o que aprendi: dança, transições e movimentos são tão importantes quanto técnica de contorcionismo.

Monique finalizou:

– Realizei meus sonhos. Também me tornei pessoa melhor. Não só atleta, mas artista e técnica. Quando a gente ganha tanto, como eu ganhei, quer retribuir. Quando você vai aos nossos espetáculos, é isso que vê: artistas que não estão só fazendo seus trabalhos, mas retribuindo para a platéia o que ganharam do Cirque. E a platéia sabe disso.

Ao deixarmos a sala dos técnicos e voltarmos ao teatro, vi um ajuntamento de artistas em volta de uma menininha que se aquecia nos bastidores. Diane explicou-me que a garota, Sofia, era filha de Manny, um dos músicos de "O". Apenas sete anos, e já estava aprendendo contorcionismo. Monique colocou um aparelhinho de som no palco e apertou o *play*. Com extrema naturalidade, Sofia começou o seu número – um misto de contorcionismo mongol e dança senegalesa, inédito no mundo.

A dança de Sofia parecia parte um rito tribal, parte dança do ventre, parte ginástica. Ela foi se movimentando pelo palco sem esforço, até terminar de barriga para baixo, parecendo pronta para umas flexões. Então, dobrou as pernas para cima até os ombros – dava para ela coçar a orelha com os dedos do pé, se quisesse.

O que mais me chamou a atenção, porém, foi o calor do seu sorriso e seus olhos expressivos, quase líquidos. Poucas vezes na vida eu tinha visto alguém com tamanha presença, tão completamente vivo.

Não pude deixar de sorrir e lhe dar um tchauzinho.

Com as mãos espalmadas no chão para se equilibrar, ela acenou de volta – com o pé direito. Aquele, percebi então, era o espírito criativo do Cirque, a centelha criativa que queima dentro de cada um de nós e que possui a inocência e o poder do aceno improvisado de um pezinho de criança.

Sistema CTcP,
impressão e acabamento
executados no parque gráfico da
Editora Santuário
www.editorasantuario.com.br - Aparecida-SP